Python molurus
Der Tigerpython

von Henry Bellosa

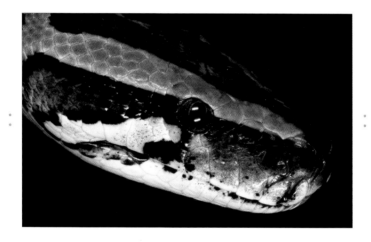

Terrarien NTV Bibliothek

Natur und Tier - Verlag

Bildnachweis Umschlag
Titelbild: . . . . *Python-molurus*-**Porträt** Foto: B. Love/Blue Chameleon Ventures
Hintergrund: . . . . *Python molurus* Foto: M. Schmidt
Erste Seite: . . . . *Python molurus bivittatus* Foto: B. Love/Blue Chameleon Ventures

ISBN: 978-3-937285-49-8

© 2007 Natur und Tier - Verlag GmbH
An der Kleimannbrücke 39/41
48157 Münster
www.ms-verlag.de

Geschäftsführung: Matthias Schmidt
Lektorat: Heiko Werning & Kriton Kunz
Layout: Ludger Hogeback – hohe birken
Druck: Alföldi, Debrecen

▷ Vorwort

Hinter starken Glasscheiben liegend, zieht sie unsere Blicke schnell in ihren Bann: eine Riesenschlange mit braunem Fleckenmuster, dick wie ein Oberschenkel, völlig reglos und gleichmäßig aufgerollt. Ein Python aus dem fernen Asien – das Vitrinenschild verrät uns seinen Namen: Tigerpython (*Python molurus*). Er ist der Inbegriff aller großen Riesenschlangen, ebenso bekannt wie die Große Anakonda, deren Mythos uns gleichfalls vertraut ist. Und immer, wenn das Wort „Riesenschlangen" fällt, haben wir ihn vor Augen. In diesem Buch über den Tigerpython sollen daher auch kurze Berichte über seine Präsenz in der Öffentlichkeit einbezogen werden. So hält am 26. Dezember 2004 die Boxweltmeisterin Regina Halmich aus Karlsruhe einen großen Dunklen Tigerpython über ihrem Kopf. Am Ende ihres Auftritts legt sie sich neben ein fünfeinhalb Meter langes Exemplar derselben Unterart mit Namen „Beatrice". Das Publikum staunt nicht schlecht, welchen Mut diese zierliche Sportlerin in „Stars in der Manege" aufbringt: Immerhin wiegt der Python mit 100 kg ungefähr doppelt so viel wie sie selbst. Aber der Schlangenvorführer der La-Kaa-Show, von der die Pythons stammen, steht daneben und lässt kein Auge von den Bewegungen der Riesenschlange.

Die Popularität des Tigerpythons kommt nicht von ungefähr – schon 1850 bewunderten 300.000 Besucher des Londoner Zoos im ersten Serpentarium der Welt einen Indischen Python, also einen Hellen Tigerpython (*Python molurus molurus*) (SEAL 2000). Die ersten Tierlexika sprachen von der Tigerschlange (BREHM 1928), und mit der Verbreitung der Fotografie wurde *Python molurus* zum vertrauten Bild der Dschungel-Exotik. Sehr früh gelangte er zu Filmruhm

in gruseligen Urwaldszenen, und auch auf der Bühne avancierte er zum Requisit großer Faszination (YAPP 1998). Ob im Zirkus, im Tropenhaus oder Aquarium eines Zoologischen Gartens, meist ist er heutzutage *die* Riesenschlange. Schon als Schülerin und Schüler haben wir ihn bei Schaustellern kennen gelernt. Unseren eigenen Kindern zeigen wir ihn als Höhepunkt einer Reptilienshow bei Börsen oder Wanderausstellungen.

Lutz Dirksen hat ihn um den Hals hängen, wenn er im Fernsehen über Expeditionen in Südamerika berichtet. Zu Füßen Rüdiger Nehbergs sehen wir ihn in einem Magazin. In der Werbung scheint er genauso dekorativ wie im Tarzanfilm, in neueren Kinoproduktionen fehlt er ebenfalls nicht (From Dusk Till Dawn, USA/1995; Rätselhafte Ereignisse, USA/2004), selbst in Vorabendserien können wir ihm begegnen. In Videoclips der Hip-Hop-Szene ist er Statussymbol, Titelfotos von Magazinen ziert er als Kleidungsersatz für weibliche Stars. Die erotische Ausstrahlung von Schlangentänzerinnen, Schauspielerinnen, Models oder Playmates kommt durch ihn zur Entfaltung, ebenso wie das leichte Prickeln auf der Haut einiger Zuschauer, die einer Schlangenshow im Varieté beiwohnen. Und wenn jemand in der Zeitung ein Bild von einem Tigerpython sieht, der an der Dachrinne eines Wohnhauses baumelt, dann entfährt ihm ein schlichtes „Oh Gott!"

Unter den größten Riesenschlangen, die in menschlicher Obhut gepflegt werden, nimmt der Tigerpython mit Abstand den zahlenmäßigen Spitzenplatz ein – sei es privat oder öffentlich. Wegen der großen Zahl von Haltern führt er leider auch die Unfallstatistik an, besonders in den USA, wo die Zahl der gehaltenen Exemplare wohl in die

Zehntausende geht. Doch auch diese Aspekte konnten seiner Popularität nichts anhaben – gerade bei den jüngeren Terrarianern ist er nach wie vor *die* Traumschlange.

Riesenschlangen leben seit über 100 Mio. Jahren auf unserem Planeten (CARROLL 1993; RAGE 1994; LEE & CALDWELL 1998), und die Vorfahren der großen Pythonarten entstanden in den beiden ersten Abschnitten des Tertiärs (vor 64–37 Mio. Jahren) (MAYR 1983). Sie erreichten vermutlich eine Länge von 10–15 m. Ihre Fossilien wurden in Ägypten gefunden und zur Gattung *Gigantophis* gerechnet (SCHMIDT 1996). Nach anderen Autoren verschwanden die Riesenpythons mit mehr als 15 m Länge bereits zu Beginn des Tertiär (MARAIS 1994).

Da der afrikanische Felsenpython und der asiatische Tigerpython noch heute viele gemeinsame Merkmale aufweisen, in Terrarienhaltung auch Bastarde beider Arten vorkommen (BRANCH & ERASMUS 1984), gehen sie vermutlich auf einen gemeinsamen Vorfahren zurück. Dieser könnte in großen Teilen Afrikas und vom vorderen Orient bis zum indischen Subkontinent gelebt haben. Durch klimatische und geographische Veränderungen wurden möglicherweise die Populationen getrennt, und parallel entstanden diese beiden Arten. Im weiteren

Charlotte Loveley mit einem Tigerpython Foto: B. Love/Blue Chameleon Ventures

Verlauf der Stammesgeschichte erfolgte eine Aufspaltung in Unterarten, die teilweise wohl heute noch im Gang ist und deren Ausprägung Ziel weiterer Freilandforschung sein sollte.

Dieses Buch soll neben Einblicken in Haltung und Vermehrung des Tigerpythons auch Ratschläge für den risikoarmen Umgang mit dieser interessanten und häufig angebotenen Riesenschlange geben. Grundlagen für eine artgerechte Haltung sind ebenso in ihm enthalten wie rechtliche Hinweise; die wissenschaftliche Neugierde wurde ebenso berücksichtigt wie Fragen bei Krankheiten oder Unfällen der Schlange. Bei mir hält die Faszination, die von dieser Schlangenart ausgeht, nun schon drei Jahrzehnte an, und ich hoffe, davon einiges an Sie, liebe Leserinnen und Leser, weitergeben zu können.

Henry Bellosa
Augsburg, im Sommer 2006

▷ # Biologie

Systematik

::: In der griechischen Mythologie begegnen wir dem Python zum ersten Mal: Apollo tötet ein riesiges, schlangenähnliches Ungeheuer bei Delphi, um zu dem dortigen Orakel freien Zugang zu bekommen. Dieses Untier hatte zunächst keinen Namen und war weiblichen Geschlechts, später nannte man es Python, nun allerdings mit männlichem Geschlecht: der Python. In noch tiefere mythologische Schichten reicht der Name Pytho, der sowohl für das Orakel von Delphi in vorapollonischer Zeit steht als auch ein Kind von Gaia, der Urmutter, benennt.

Der Tigerpython oder die Tigerschlange (BREHM 1928) wurde bereits 1758 von Carl

Schlüpfling des Dunklen Tigerpythons
Foto: K. Hoppe

Deutsche, wissenschaftliche, englische und einheimische Bezeichnungen der Spezies und Subspezies (BREHM 1928; BANKS & BANKS 1986; WALLS 1998; SHARMA 2003)

Bezeichnung (deutsch)	Bezeichnung (wissenschaftlich)	Bezeichnung (englisch/einheimisch)
Tigerpython, Tigerschlange	*Python molurus*	Asian Rock Python/Peddapoda
Heller Tigerpython, Indischer Python	*Python molurus molurus*	Indian Python/ häufiger Name in Indien: Azgar
Dunkler Tigerpython, Burmesischer Python, Hinterindischer Tigerpython	*Python molurus bivittatus*	Burmese Python

---

Klassifizierung des Tigerpythons bis hinunter zur Unterart:

Stamm: Chordata - Chordatiere
    Unterstamm: Vertebrata - Wirbeltiere
        Klasse: Reptilia - Kriechtiere
            Ordnung: Squamata - Schuppenkriechtiere
                Unterordnung: Serpentes - Schlangen
                    Familie: Boidae - Riesenschlangen
                        Unterfamilie: Pythoninae - Pythonschlangen
                            Gattung: *Python* - Echte Pythonschlangen
                                Art: *Python molurus* - Tigerpython
                                    Unterart: *Python molurus molurus* - Heller Tigerpython
                                    Unterart: *Python molurus bivittatus* - Dunkler Tigerpython

Adulter weiblicher Dunkler Tigerpython Foto: M. Jachmann

VON LINNÉ in seiner 10. Edition der „Systema naturae" als „Coluber Molurus" beschrieben. 1801 wurde der Helle Tigerpython von SCHNEIDER mit fünf verschiedenen wissenschaftlichen Artnamen (in der Gattung *Boa*) angegeben: *Albicans, Castanea, Cinerea, Orbiculata* und *Ordinata*. Neben einigen weiteren Synonymen taucht 1820 der Name *Python bivittatus* (KUHL) auf, bezogen auf javanische Tiere, 1945 schließlich *Python molurus pimbura* (DERANIYGALA) für die Tiere von Ceylon (dem heutigen Sri Lanka). Verwirrend blieb die Vielzahl der synonymen Bezeichnungen, der Zuordnungen in Spezies und Subspezies, die im Folgenden diskutiert werden soll.

Schon seit gut zwei Jahrzehnten sind sich die Experten nicht einig, ob sie zwei oder drei Unterarten des Tigerpythons in ihrer Systematik anerkennen sollen. Die Mehrzahl der neueren Fachbücher und -artikel unterscheidet zwei Unterarten: den Hellen Tigerpython (*Python molurus molurus*) als Nominatform, also diejenige Unterart, zu der das Exemplar gehört, anhand dessen die Art beschrieben wurde, und den Dunklen Tigerpython (*Python molurus bivittatus*). In einigen Veröffentlichungen findet sich beim Hellen Tigerpython der Zusatz „indische Form" bzw. „ceylonesische Form". Damit soll ausgedrückt werden, dass durchaus Merkmalsunterschiede zwischen der Festlands- und der Inselform zu erkennen sind, diese aber nicht ausreichend groß und/oder einheitlich sind, um eine weitere Unterart zu definieren. Dennoch taucht diese Form, der Ceylon-Tigerpython (*Python molurus pimbura*), manchmal noch in Fachbüchern, vor allem auch in Terraristik-Werken oder in älteren Beschriftungen zoologischer Sammlungen als dritte Unterart auf, die heute aber nicht mehr anerkannt ist.

Wie kam es zu dieser Problematik um die systematische Einordnung des Tigerpythons? Bereits 1917 stellte DE ROOIJ fest, dass es neben der hellen und der dunklen Form

Porträt eines Dunklen Tigerpythons Foto: H. - D. Philippen

des Tigerpythons auch Exemplare mit dazwischen liegender Färbung, Beschuppung und Kopfzeichnung gibt. SMITH, der 1943 ein Standardwerk über die indische Schlangenfauna schrieb, charakterisierte zwei Unterarten und gab auch Verbreitungsgebiete an: Die helle Unterart findet ihm zufolge ihre Verbreitungsgrenze im Osten des heutigen Bangladesch, die dunkle Unterart ihre westliche Verbreitungsgrenze in Nepal und Nordost-Indien, was dem Landesteil Assam entspricht. Diese Nord-Süd-Überlappung beider Verbreitungsgebiete wird teils bestritten (STIMSON 1969), von weiteren Autoren dagegen bestätigt (KOCK & SCHRÖDER 1981). Mark O'SHEA (pers. Mittlg.) fand in Nepal Exemplare mit gemischten Merkmalen, während noch SWAN & LEVITON (1962) eine eindeutige Zuordnung der Exemplare dieser Region zum Hellen Tigerpython trafen. GROOMBRIDGE & LUXMOORE (1991) stellten fest, die Grenze zwischen Dunklem und Hellem Tigerpython könne gegenwärtig nicht präzise gezogen werden.

Lassen Sie mich nun in groben Zügen die Entwicklung der Tigerpython-Systematik ab der zweiten Hälfte des vorigen Jahrhunderts bis heute nachzeichnen.

Als zu Beginn des letzten Jahrhunderts noch vom Indischen Tigerpython im Allgemeinen gesprochen wurde, fasste man damit alle Tiere des indischen Festlandes und der Insel Ceylon (heute Sri Lanka) zusammen. Dem stand der Burmapython bzw. Burmesische Python gegenüber, dessen ausgeformte Pfeilzeichnung auf der Kopfoberseite ein deutliches Unterscheidungskriterium darstellt. Mit der Loslösung von Indien und Sri Lanka aus dem britischen Kolonialreich nach dem Zweiten Weltkrieg und der damit erwachenden Selbstständigkeit auch in wissenschaftlichen Fragen unterschied man in der Folgezeit drei Unterarten: Indischer Tigerpython (*Python molurus molurus*), Ceylonesischer Tigerpython (*Python molurus pimbura*) als Inselform und schließlich Dunkler oder Burmesischer Tigerpython (*Python molurus bivittatus*), oft auch als Hinterindischer Tigerpython bezeichnet. Der Inselstaat Sri Lanka, der mit einem Bevölkerungsanteil von 74 % Singhalesen gegenüber 20 % Tamilen von dieser Mehrheit stark geprägt ist, ging einen eigenständigen Weg und war zu Recht stolz auf seine Flora und Fauna – eine Perle im Indischen Ozean. So fasste man dort den auf dieser Insel heimischen Tigerpython als eigenes Taxon auf. Betrachtet man jedoch unvoreingenommen die Fauna und Flora Sri Lankas, so muss man feststellen, dass im trockeneren Norden und Osten nahezu dieselben Arten wie in Südindien leben und lediglich im zentralen Hochland und im feuchten Südwesten der Anteil der Endemiten (nur dort vorkommende Arten) ansteigt. Es mag an der kurzen Zeit der Trennung vom Festland von nur ca. 10.000 Jahren, an der flachen und mit Inseln versehenen Meeresstraße oder dem lebhaften Handel liegen – ein Austausch der Fauna beider Gebiete ist durchaus gegeben.

Bereits Ende der 1950er-Jahre gelangten Tigerpythons aus Sri Lanka in die Terrarien privater Halter in Europa und lösten den vorher häufigeren Indischen Tigerpython ab. Bis in die 1970er-Jahre hinein blieb *P. m. pimbura* als eigenständige Unterart unter den Terrarianern und Zoologischen Gärten ein selbstverständlicher Begriff. In dieser Anfangsphase der modernen Terraristik gab es nur wenige Fachleute, die sich Gedanken über die Zukunft der genetischen Vielfalt und Reinheit machten. Es wurden Tiere der srilankischen und der „burmesischen" (Burma ist der alte Name des heutigen Myanmar) Unterart in einem Terrarium gehalten, und rasch setzten Bastardierungen ein. Auch Tiere aus Indien, die noch in geringer Zahl vorhanden waren, wurden mit Tieren aus Sri Lanka oder der dunklen Form aus Thailand gekreuzt. Bei ROSS & MARZEC (1994) sowie STÖCKL & STÖCKL (2000) sind solche Bastarde zu sehen, auch viele vermeintliche Helle Tigerpythons sind zu diesen Unterart-Mischlingen zu rechnen.

Grafik A: Kopfzeichnung des Hellen Tigerpythons

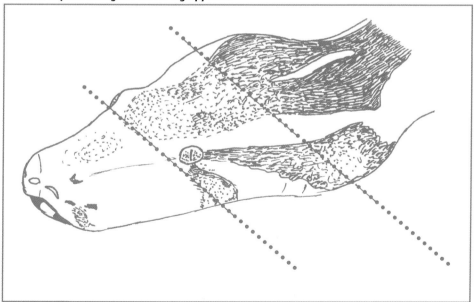

Tigerpythons bieten in der Natur wie im Terrarium einen herrlichen Anblick. Foto: B. Love/Blue Chameleon Ventures

Tiere der „pimbura"-Form
Foto: B. Love/Blue Chameleon Ventures

Nicht in allen Fällen wurde jedoch so verfahren. Der Drayton Manor Park and Zoo, Großbritannien, züchtete z. B. aus Wildfängen über viele, viele Jahre hinweg Tiere aus den Verbreitungsregionen Indien, Sri Lanka und Thailand voneinander getrennt. Die Verantwortlichen hatten sehr früh die Bedeutung ursprünglicher genetischer Linien erkannt und präsentierten voller Stolz ihre genetisch „natürlichen" Exemplare: „Dies ist einer der wenigen Orte, an denen man die Unterschiede der verschiedenen Unterarten deutlich sehen kann, da die Abstammungslinien rein (...) sind" (NEWMAN 1993).

Viele Reptilienarten, die in ihrem Verbreitungsgebiet deutlich unterscheidbare Unterarten bilden, wurden im Terrarium vermischt und bildeten einen nicht mehr unterscheidbaren genetischen Gesamtpool der jeweiligen Art. Recht bekannt ist dies bei *Boa constrictor*, bei der man auch oft vom *constrictor*-Komplex oder vom *imperator*-Komplex spricht, also von Terrarienbeständen mit jeweils überwiegendem, aber eben nicht ausschließlichem genetischen Anteil der entsprechenden Unterart. ROSS & MARZEC (1994) schreiben von „genetischen Chimären" und bilden ein solches „Misch-Exemplar" eines Tigerpythons mit 25 % „*pimbura*-Genen", 25 % „*molurus*-Genen" und 50 % „*bivittatus*-Genen" ab.

Am Ende der beschriebenen Phase wurde nur noch vom Hellen Tigerpython gesprochen, und die Experten fassten die beiden Formen *molurus* und *pimbura* zu einer einzigen Unterart zusammen, nämlich *P. molurus molurus*, da keines der ursprünglichen Unterscheidungsmerkmale als ausreichend gewertet wurde, um den Status getrennter Subspezies zu rechtfertigen. Damit kam man auf die Erkenntnis zurück, zu der CONSTABLE bereits 1949 gelangt war.

Die Europäische Gemeinschaft setzte mit der EU-Artenschutzverordnung das WA in europäisches Recht um: Der Dunkle Tigerpython steht nun unter Anhang B, der Helle Tigerpython unter Anhang A. Tiere mit Mischeigenschaften oder als „*pimbura*" ausgewiesene Exemplare werden Anhang A zugeschlagen, was die systematische Auffassung der Taxa widerspiegelt.

Nur eine relativ kleine Anzahl von Haltern züchtete in den 1990er-Jahren den Hellen Tigerpython, dagegen nahm die Zahl der Züchter des Dunklen Tigerpythons rasant zu. Auch Tiere mit geringem „genetischen Anteil" des Hellen Tigerpythons wurden vielfach angeboten – oft wussten die Käufer über die verborgenen genetischen Anlagen ihrer Schlangen gar nicht Bescheid.

Bei vielen Riesenschlangen-arten wurden Aufsplitterungen in mehrere Unterarten vorgenommen – Beispiele sind *Boa constrictor*, *Python curtus*, *Python sebae*, *Epicrates cenchria* –, weitere Taxa dagegen wurden in den Art-Status erhoben (Beispiele: *Python natalensis*, *Python brongersmai*). Der Terrarianer und „einfache Schlangenliebhaber" kam oft gar nicht so schnell mit, wie sich aufgrund neuer systematischer Ansichten Gattungs-, Art- oder Unterartnamen änderten! Die Einteilung der Tigerpython-Unterarten indes wurde nicht mehr von solchen Umwälzungen betroffen; es blieb bei den beiden bekannten Unterarten.

Allerdings war eine andere, neue Situation in Bezug auf die Haltung und den Handel des Tigerpythons eingetreten: Erstmals tauchten Exemplare mit heller Grundfarbe und Merkmalen von *P. m. molurus* auf, die als „100 % reinrassig" bezeichnet wurden. Rasch setzte sich dieser Trend durch: Nun wurden alle Linien in deutschen Terrarien als „reinrassig" angepriesen. Auf eine Nachfrage erhielt man stets die gleiche Antwort: Es seien *pimbura*-Tiere aus der xy-Linie.

Eine lebhafte Diskussion setzte ein, und ich erinnere mich gern an so manche Debatte im Freundeskreis. Zwischen 1998 und 2004 habe ich ungefähr 50 Tigerpythons mit „gemischter Genetik" in deutschen Terrarien gesehen, und ich kann die große Skepsis all derjenigen gut verstehen, die es schlichtweg für aussichtslos halten, zu „genetisch sauberen" Linien zurückkehren zu wollen.

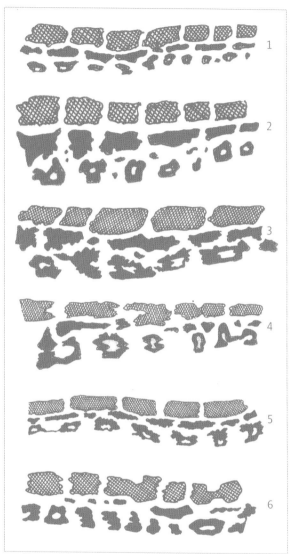

Grafik B: Zeichnung der Halsregion sechs Heller Tigerpythons

Grafik B zeigt die Halsregion sechs Heller Tigerpythons mit bekannter Herkunft. Sowohl die Zahl der Ozellen-Seitenflecken als auch ihre Größe oder ihr Abstand voneinander zeigen keine eindeutige Unterscheidungsmöglichkeit zwischen den For-

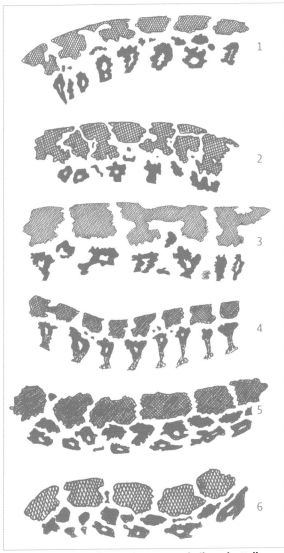

Grafik C: Zeichnung des vorderen Rumpfteils sechs Heller Tigerpythons

Grafik C zeigt den vorderen Rumpfteil etwa ab der hinteren Halsregion bis zur Rumpfmitte, bei allen Tieren wurde derselbe Abschnitt gewählt und auf etwa gleiche Größe verändert. Diesmal sind die Sri-Lanka-Exemplare Nr. 1 und Nr. 3 an ihren größeren, in weiterem Abstand stehenden Ozellen-Seitenflecken durchaus unterscheidbar, allerdings sticht das Tier Nr. 2, ebenfalls aus Sri Lanka, heraus, und der Python Nr. 4 aus Indien „passt nicht" zu den anderen beiden indischen Individuen (Nr. 5 und Nr. 6). Auch bei diesem Vergleich fällt also eine klare Zuordnung schwer.

Schließlich ergibt die Betrachtung der hinteren Rumpfabschnitte verschiedener Tiere bei gleichem Verfahren wiederum keine deutlichere Unterscheidbarkeit (Grafik D). Einzelne Sri-Lanka-Tiere (Nr. 2) zeigen keine Seitenflecken in dieser Körperregion, oft sind es nur wenige (Nr. 1 und Nr. 3), es können aber auch mehr als bei den indischen Exemplaren sein (zu sehen bei Nr. 4 gegenüber Nr. 5 und 6 aus Indien). Auch die Form der Rückenflecken variiert stark – insgesamt also auch hier keine signifikanten Unterschiede.

Da ich bei der Auswertung der Zeichnungsmerkmale von einer insgesamt relativ kleinen Anzahl eindeutig geografisch zuzuordnender Tieren ausgegangen bin (n = 14 für Indien, n = 11 für Sri Lanka), mag sich die eine oder andere Tendenz im Zeichnungsmuster bei größeren Zahlen verstärken. Dies gilt besonders für die Kopfzeichnung, die bei indischen Tieren in der mittleren Zone

men aus Indien und Sri Lanka; auch die Zahl, Größe oder Verteilung der Rücken-Seitenflecken lässt eine solche nicht erkennen; selbst die Form der Rückenflecken, früher immer ein beliebtes Unterscheidungskriterium, ist nicht deutlich abweichend.

Belegtiere aus Sri Lanka im Museum Koenig, Bonn. Foto: H. Bellosa

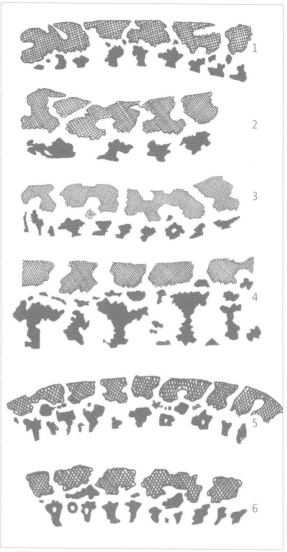

Grafik D: Zeichnung des hinteren Rumpfteils sechs Heller Tigerpythons

deutlich dunkler gefärbt ist (siehe Grafik A). Tiere aus Sri Lanka zeigen eine Pfeilzeichnung, die wesentlich weiter hinten endet, nämlich bereits am Rand der Kopfoberseite mit dem Mittelstrich. Neben den 25 Tieren der hier unternommenen Zeichnungsanalyse zeigten dieses Merkmal auch insgesamt 52 Exemplare mit nicht ganz sicherer Herkunft, sodass hier nicht von einem „Unterscheidungskriterium" gesprochen werden kann.

Gerne werden Unterarten an Beschuppungsunterschieden festgemacht. Auch hier ergibt sich ein ähnliches Bild wie bei der Zeichnungsanalyse: Tiere aus Indien und Sri Lanka variieren untereinander in ihrer individuellen Beschuppung ebenso stark wie zwischen den beiden Verbreitungskreisen. Die Zahl der Präocularia beträgt bei der Sri-Lanka-Form meist 2 (92 % der untersuchten Tiere), bei den indischen Tieren findet man 1–3 Präocularia, wobei der Anteil von Tieren mit 3 Präocularia relativ hoch ist (75 % der untersuchten Tiere).

Unter Terrarianern kursiert die Meinung,

Im Terrarium ist der Dunkle Tigerpython bei weitem häufiger anzutreffen als der Helle Tigerpython.
Foto: K. Kunz

indische Tigerpythons würden deutlich größer als ihre Verwandten aus Sri Lanka. Tatsächlich sind Längen von deutlich über 4 m für die indische Form belegt, dagegen fällt es schon sehr schwer, Tiere von Sri Lanka mit 3,5 m Länge nachzuweisen.

Die vor allem von manchen US-Amerikanern gern ins Feld geführte Behauptung, beide Formen unterschieden sich im Terrarium in ihrem Verhalten, hält einer genaueren Überprüfung nicht stand: Manche Terrarianer besaßen zwar tatsächlich absolut ruhige und umgängliche Sri-Lanka-Tiere, die weder reizbar noch launisch waren, hier gibt es aber starke individuelle Unterschiede, die man bei indischen, thailändischen oder vietnamesischen Tieren ebenso findet.

Zusammenfassend kann man festhalten: Die Vermutung, dass der Tigerpython, der über den benachbarten Kontinentalbereich von Indien sehr großflächig vorkommt, auf Sri Lanka eine eigene Unterart ausgebildet habe, halte ich für sehr unwahrscheinlich. Neben dagegen sprechenden tiergeografischen Aspekten lassen sich auch die gerin-gen Merkmalsunterschiede in Zeichnung, Pholidose, Größe und Verhalten nicht einheitlich feststellen. Damit ist meiner Meinung nach die zentrale Bedingung an den Unterartstatus nicht gegeben. Bisher fehlt eine genetische Analyse, die letztlich Klarheit bringen könnte, ebenso wie eine vergleichende Feldstudie in ausreichendem Umfang, um das gesichtete Material zu ergänzen und eine vernünftig große Anzahl von Tieren gegenüberstellen zu können. In Zukunft wird man auch ein Augenmerk auf die Populationen der indonesischen Inseln Sulawesi, Sumbawa, Bali, Java und weiterer kleinerer Sundainseln richten müssen: Dort könnten durchaus Unterarten des Tigerpython vertreten sein, da tiergeografische Aspekte stärker für eine Differenzierung in dieser Region sprechen. Ruud de Lang aus Rotterdam beginnt demnächst mit einer Feldstudie auf Sulawesi, die den Tigerpython einschließt. Bis zur Veröffentlichung dieser Studien gehe ich weiterhin von nur zwei Unterarten aus: *Python m. molurus* sowie *P. m. bivittatus* (zur Verbreitung siehe unten).

Morphologie und Zeichnung

Der Kopf des Tigerpythons ist nur wenig vom Hals abgesetzt. Seine Form variiert von einem schlanken bis zu einem stumpf-breiten, gleichseitigen Trapez. Die Augen sind in die Kopfkante versenkt und im Verhältnis zur Höhe des Kopfes ähnlich klein wie bei Bunt- und Felsenpython. Dagegen besitzen der Netzpython, fast alle australischen Pythonarten und erst recht die Baumpythons Neuguineas deutlich größere Augen. Die Nasenöffnungen liegen über der Schnauzenspitze an den Kopfkanten, ihre schmaleren Enden zeigen nach unten zu den Lippenschilden. Unterhalb jeder Nasenöffnung finden sich beim Tigerpython je eine Rostral- und zwei Labialgruben pro Seite, die jeweils als spitzwinkeliges Dreieck zur Mundspalte zeigen. Mit ihnen kann die Riesenschlange Infrarotstrahlung aus der Umgebung wahrnehmen, etwa von einem warmblütigen Säugetier oder Vogel. Hinter den Häutchen, mit denen diese flachen Gruben abschließen, befinden sich Nervenendenbündel, die feinste Temperaturdifferenzen direkt an das Gehirn weiterleiten, ähnlich wie bei Grubenottern (Crotalinae). Allerdings sind die Lippengruben der Pythons nicht so leistungsstark und spezialisiert wie das Grubenorgan der Grubenottern (PLATEL 1998).

Beim adulten Hellen Tigerpython ist der Kopf breiter und flacher, sodass oft der Eindruck einer Kastenform entsteht. Der Dunkle Tigerpython neigt im Alter zu einem eher zugespitzt-trapezförmigen, höheren Kopf. Beide Unterarten erreichen eine beeindruckende Kopfgröße: Sie entspricht in etwa der Größe einer Männerhand.

Neben der Großen Anakonda zeigt der Tigerpython wohl den kräftigsten Körperbau aller groß werdenden Riesenschlangen. Bereits GILLESPIE (1937), ehemals Direktor des Zoologischen Gartens von Edinburgh, schreibt über den Umfang des Tigerpythons:

Seine imposante Größe sowie die attraktive Zeichnung machen den Tigerpython bei Terrarianern so begehrt. Foto: H. - D. Philippen

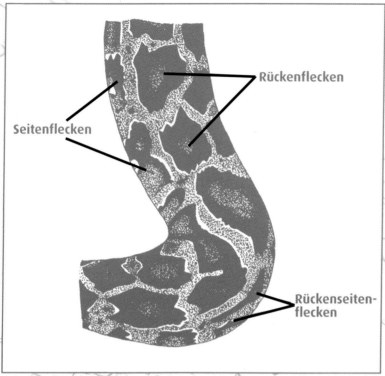

Rückenflecken

Seitenflecken

Rückenseiten-
flecken

Grafik E: Fleckenmuster beim Dunklen Tigerpython

alles, was man eigentlich für die nächsten Minuten vorhatte. Mühelos überwindet der Python Höhenunterschiede von der Länge eines Körperdrittels, und im Wasser wird er zum flinken Schwimmer und Taucher. Der Körperquerschnitt nähert sich beim Kriechen einer Rechteck- bis Quadratform, beim entspannten Liegen ähnelt er eher einer Brotlaibform.

Hervorragend an die Farbpalette seines Lebensraumes angepasst, besteht die Grundfarbe des Tigerpythons aus Grau-, Braun- und Gelbtönen. Dazu kommen helle Farbkleckse in Weiß und Elfenbein, die Umrandungen reichen bis Schwarz oder Anthrazit. Die Bauchseite ist meist weiß, selten ins Rötliche oder Graue gehend.

„Bei einer Länge von 4,5 m erreicht er 40–43 cm Umfang, ein gleich langer Netzpython dagegen ‚nur' 35–38 cm." Weibliche Tiere werden im Terrarium auch oft überfüttert und haben dann mitunter bei dieser Länge (4,5 m) einen Umfang von 50 cm und mehr. Auf jeden Fall ist ein Tigerpython von 4 m Länge bereits eine beeindruckende Schlange, die über enorme Muskelkräfte verfügt. Eben noch in entspannter Ruhehaltung zusammengerollt, wird das langsam einsetzende Vorwärtsgleiten durch dicke Muskelstränge für jeden Beobachter zum Erlebnis. Laufen bei einem Riesenexemplar von 70 cm Umfang große Kontraktionswellen die Flanken entlang und zieht sich das Tier mit seinen über 100 kg Gewicht auf eine Plattform hinauf, vergisst man nahezu

Kurz nach dem Halsansatz beginnt ein kompliziertes Muster aus Rücken-, Rückenseiten-, Seiten- und Bauchseitenflecken. Kurz vor bzw. kurz nach der Kloake endet dieses Muster und geht in ein Schwanzmuster über. Häufig findet man im Schwanzbereich auch Streifen oder eine einheitliche Dunkelfärbung.

Bei 68 untersuchten Tieren beider Unterarten fand ich 34–48 Rückenflecken, WALLS (1998) gibt 30–40 an. Die Form der Flecken ist äußerst variantenreich: fast quadratisch, rautenförmig, doppelt trapezförmig, gebuchtet, sichelförmig, pilzförmig, herzförmig, dreieckig, rund, gezackt, regelmäßig und unregelmäßig vieleckig. Stets entsteht dabei ein einzigartiges „Teppichdesign", das selbst bei Nichtliebhabern Anerkennung, wenn nicht sogar Bewunderung hervorruft. Der Tigerpython ist eine ästhetische Erscheinung, ein Meisterwerk der Evolution!

Die Farbe der Flecken besteht beim Hellen Tigerpython aus Brauntönen, manchmal ins Rostrote oder Khaki gehend. Die Rückenflecken sind nicht umrandet, die Seitenflecken besitzen dagegen grundfarbene Ozellen. Beim Dunklen Tigerpython sind die Rückenflecken mehr oder weniger deutlich dunkelbraun bis schwarz umrandet, bei etwas hellerer Grundfarbe. Im Alter verschwindet dieser Unterschied bei den Weibchen jedoch meist, sodass sie dann nahezu schwarz gefleckt erscheinen. Auch die dezente gelbe Hintergrundfärbung, die teilweise sogar mit Orangetönen unterlegt ist, geht bei beiden Geschlechtern im Alter verloren, die Grautöne nehmen dagegen deutlich zu. Dies tut dennoch der Gesamterscheinung keinen Abbruch, da das Fleckenmuster kontrastreich bleibt. Neben den Rückenflecken stehen Schuppen mit gelben, weißlich gelben bis fast rein weißen Farbnuancen. Die Seitenflecken zeigen graugelbe Innenflächen mit dunkelbraunen bis schwarzen Umrandungen in Form einer Sichel, eines Halbmondes oder eines Hufeisens.

Es gibt Exemplare mit sehr gleichmäßiger Fleckung, teilweise ohne Rückenseitenflecken und sehr selten auch ohne Bauchseitenflecken. Die Rückenflecken sind oft in Zweier-, Dreier-, Vierer- oder Fünferkombinationen verbunden, wobei dann ein blockartiges Zickzackband entsteht (siehe Grafik F).

Im Halsbereich tritt gelegentlich eine Streifung auf. Ob dafür ausschließlich Temperatureffekte beim Brüten oder genetische Gründe verantwortlich sind, wird diskutiert (ROSS & MARZEC 1994; BROGHAMMER 1998).

Die beim Dunklen Tigerpython deutlich ausgeprägte Pfeilzeichnung auf dem Kopf besitzt im hinteren Teil eine zigarrenför-

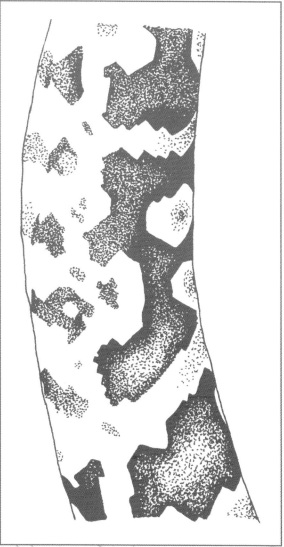

Grafik F: Zickzackmuster der Rückenflecken beim Hellen Tigerpython

mige Ozelle, selten auch zwei oder drei gelappte Formen. Die seitlichen schwarzen oder dunkelbraunen Streifen, das dazugehörige Punktmuster und die hellen Zwischenareale sind im Abschnitt „Individuelle Merkmale" abgebildet.

Geschlechtsunterschiede

Äußerlich lassen sich bei Jungschlangen des Tigerpythons keine Geschlechtsunterschiede feststellen. Ein erfahrener Züchter wird aber mittels Sondierung mit ausreichender Sicherheit Auskunft über das Geschlecht geben können. Dabei wird den Tieren eine stumpfe Metallsonde von der Kloake aus schwanzeinwärts eingeführt. Bei Männchen dringt die Sonde während dieser Prozedur in die Hemipenistaschen und damit tiefer ein als bei Weibchen. Allerdings sollten Sie sich diese Methode der Geschlechtsbestimmung erst von erfahrenen Schlangenhaltern oder Veterinären zeigen lassen, falls Sie unsicher sind.

Sondierungsdaten nach
ROSS & MARZEC (1994)
Zahl der Subcaudalschilde nach der Kloake, bis zu denen die Sonde vordringen kann:
Python m. molurus Männchen: 10–12
Weibchen: 3–5
Python m. bivittatus Männchen: 10–16
Weibchen: 3–5

Grafik G: Aftersporne der beiden Geschlechter im Vergleich

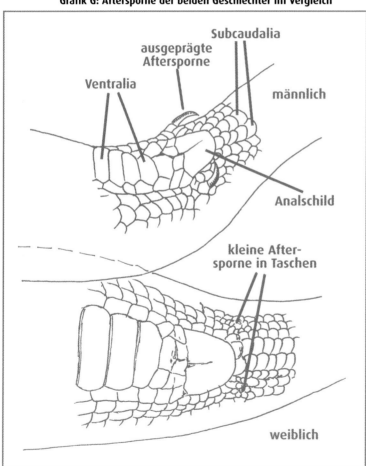

Subcaudalia
ausgeprägte Aftersporne
Ventralia
männlich
Analschild
kleine Aftersporne in Taschen
weiblich

Bei semiadulten und adulten Exemplaren fallen auch deutliche Unterschiede bei den Afterspornen auf (Grafik G).

Ab der Geschlechtsreife entwickeln die Weibchen zudem einen wesentlich kräftigeren Körperbau, der sich durch den relativ breiteren Kopf und den kürzeren Schwanz zusätzlich von dem der Männchen unterscheidet. Bei Geschwistertieren kann man diese auseinander laufende Entwicklung ab ungefähr 2,5 m Länge beobachten. Beim Dunklen Tigerpython konnte ich folgende Schwanzlängen im Verhältnis zur Gesamtlänge ermitteln:

Männchen: . . 11,6–14,2 %
Weibchen: . . . . 8,6–11,8 %

Dies entspricht etwa den Proportionen bei *P. regius*, *P. anchietae*, *P. curtus* und *P. sebae* – bei allen handelt es sich um Arten mit bevorzugt nicht arboricoler (nicht baumbewohnender)

Blick auf die Kopfbeschuppung eines Dunklen Tigerpythons Foto: H. Bellosa

Lebensweise. Der oftmals erwähnte „Kletterschwanz" müsste wesentlich länger und auch anders gestaltet sein, etwa wie bei *Corallus* und *Morelia* (KABISCH 1990). Weitere geschlechtsspezifische Unterschiede findet man im Verhalten, in der Verteilung von Fasten- und Aktivitätsphasen und der Sekretion während der Fortpflanzungsphasen (siehe „Geschlechtsreife").

Pholidose (Beschuppung)

Die Beschuppung des Tigerpythons entspricht dem allgemeinen Muster der Eigentlichen Pythons: Im vorderen Kopfteil bis zur Augenlinie findet man große Schilde (Nasale, Internasalia, vordere und hintere Präfrontalia, Frontale, Supraocularia, Supralabialia und Infralabialia), dazwischen und dahinter eher Schuppen in normaler Rückenschuppen- bzw. Seitenschuppengröße. Das Rostrale ist tief eingekerbt, damit das Züngeln auch bei geschlossenem Maul

Grafik H: Kopfbeschuppung beim Dunklen Tigerpython

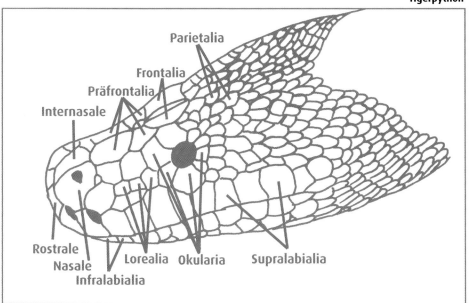

leicht möglich ist. Die Mundspalte ist umgeben von 11–13 Supralabialia und 16–18 Infralabialia (WALLS 1998).

Alle von mir untersuchten Dunklen Tigerpythons (41 Exemplare) lagen innerhalb der bei WALLS (1998) angegebenen Pholidose-Werte. Die Größen der Schuppen variieren bei jedem Exemplar beträchtlich: Beispielsweise sind die Dorsalia bei einem 5-m-Weibchen nur 50 mm² groß, die seitlichen Bauchschuppen können dagegen 250 mm² erreichen.

Körperschuppen des Dunklen Tigerpythons (WALLS 1998)
Dorsalia: .... 60–75 Querreihen im
                 mittleren Rumpfbereich
Ventralia: 245–270
Subcaudalia: 58–73

Individuelle Merkmale

Jeder Tigerpython verfügt über individuelle Merkmale, die zeitlebens beibehalten werden, leicht zu beobachten und einfach fotografisch zu dokumentieren sind. In Anlehnung an das Verfahren von BENDER & HENLE (2001) lässt sich ein „Identifikationsdreieck" (siehe Grafik I) festlegen, in das die schwarze Fleckung der rechten seitlichen Kopffläche übertragen wird. Sowohl für den Hellen wie auch den Dunklen Tigerpython ist diese Methode anwendbar. In Grafik I sind vier Beispiele für den Dunklen Tigerpython zu sehen.

Darüber hinaus zeigt jede groß werdende Riesenschlange alleine durch ihren großflächigen Körper deutliche, individuelle Merk-

Grafik I: Identifikationsdreiecke beim Dunklen Tigerpython

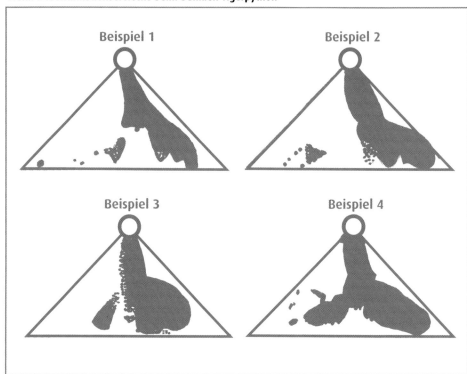

male, etwa Narben, Schuppenanomalien, Schnauzendefekte, Schwanzverkürzungen und Hautwucherungen.

Größe

Mit einem lachenden und einem weinenden Auge trage ich in diesem Kapitel die Fakten über Größe und Wachstum des Tigerpythons zusammen. Auch wenn neuerdings (seit Mitte 2004) aus den USA eine „Dwarf-Form", also eine angeblich klein bleibende Variante des Tigerpythons angeboten wird, muss eindeutig festgehalten werden: Der Tigerpython gehört zu den sehr groß werdenden Arten, und eine „Zwergform" kommt nur in Scherzen unter Freunden vor, wenn ein Exemplar tatsächlich einmal ungewöhnlich klein bleibt. Es gibt auch keine „Monster", selbst wenn die Weibchen des Dunklen Tigerpythons gelegentlich riesige Ausmaße

erreichen. Der Tigerpython gehört zu den vier größten und schwersten Schlangenarten der Welt, die von den US-Amerikanern liebevoll „The big four" genannt werden (außerdem noch Große Anakonda, *Eunectes murinus*; Netzpython, *Python reticulatus*; Felsenpython, *Python sebae*). Es hat keinen Sinn, ihn kleiner zu reden oder junge Tiere als ausgewachsen auszugeben.

Aus Zeitungsberichten, aus Mitteilungen von Mitgliedern lokaler Reptilienvereine oder aus Erzählungen von Haltern erfahre ich hin und wieder von „entsorgten" Tigerpythons: Im Wald, in Müllsäcken auf Autobahnraststätten oder im Badesee treibend wurden tote Tigerpythons von 3–4 m Länge gefunden. Zudem werde ich immer wieder gebeten, Tigerpythons, die den Besitzern zu groß geworden sind, bei Privathaltern oder Reptilienzoos unterzubringen. Meist handelt es sich um Tiere von 3–4 m Länge, die bei

Auch ein Tigerpython beginnt klein: Schlüpfling einer amelanistischen Farbform
Foto: B. Love/Blue Chameleon Ventures

besseren Haltungsbedingungen bereits größer und kräftiger wären. In den allermeisten Fällen konnten sich die Besitzer nicht vorstellen, was eine solche Größe in der Praxis bedeutet. Glücklicherweise sind neun von zehn dieser Tiere umgänglich und gut zu transportieren, sodass ich bisher immer eine Unterbringungsmöglichkeit vermitteln konnte. Fataler wäre es, wenn immer mehr unterernährte, aggressive Tiere von über 3 m Länge auftauchten: Wer kann und will eine solche Schlange unterbringen?

Die Schlupfgröße des Tigerpythons liegt deutlich unter der von Netzpython und Anakonda. Die Angaben der verschiedenen Autoren zeigen allerdings große Differenzen, und die von Züchtern übermittelten Daten sind ebenfalls uneinheitlich (siehe Tabelle).

Schlupfgrößen des Dunklen Tigerpythons (*Python molurus bivittatus*)

Angaben von	Länge in cm	Gewicht in g
LEDERER 1956	54–57	–
VAN MIEROP & BARNARD 1976	70–75	114,6–136,7
VOSJOLI 1991	45–72 (im Mittel 55)	im Mittel 115
Stoops & Wright 1994	bis 45	–
Bellosa (gesammelte Daten)	40–63	72–156

Obwohl Reptilien zeitlebens wachsen, spricht man bei ihnen ab einem gewissen Alter von der „Adultgröße". Dieses Alter liegt deutlich über dem des Erreichens der Geschlechtsreife, und ich spezifiziere es dahingehend, dass ich von der „Adultgröße" erst nach dem Absinken der jährlichen Längenzuwachsrate unter 20 cm spreche. Das bei guter Gesundheit danach erfolgende Alterswachstum kann im Ausnahmefall durchaus noch zu einem weiteren Meter Länge führen. Der Dunkle Tigerpython erreicht die Adultgröße manchmal bereits nach sechs Jahren, spätestens nach 15 Jahren. Die Tabelle S. 25 zeigt Adultgrößenangaben der verschiedenen Autoren und bezieht sich stets auf Exemplare mit Normalfärbung.

In Grafik K ist die Längenverteilung von 79 adulten Dunklen Tigerpythons zu sehen – der Geschlechtsunterschied geht deutlich daraus hervor, und auch die absolute Größe dieser Unterart ist hier dokumentiert. Erst kürzlich habe ich zwei zuverlässige Bestätigungen erhalten, dass auch der männliche Dunkle Tigerpython die 5-m-Marke deutlich überschreiten kann (D. MAYER, pers. Mittlg.).

Alle adulten weiblichen Dunklen Tigerpythons unter 3,5 m Länge mit Normalfärbung wurden in der Jugendphase oder danach entweder extrem sparsam gefüttert,

Grafik K: Adultgrößenverteilung beim Dunklen Tigerpython. Aufgelistet sind 15 Männchen (blau) und 64 Weibchen (rosa).

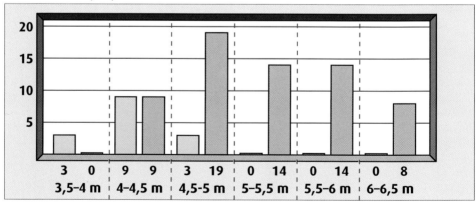

Adultgrößen der Subspezies des Tigerpythons nach verschiedenen Autoren im Vergleich zu gesammelten Daten des Autors

Angaben von	Dunkler Tigerpython	Heller Tigerpython
SCHMIDT & INGER 1969	6,5 m maximal	—
GRZIMEK et al. 1975	8 m maximal	—
STAFFORD 1986	3–5 m Durchschnitt	—
VOSJOLI 1991	4–5,5 m Durchschnitt (Weibchen) 5,8–6,1 m Maximum (Weibchen) 2,5–4,3 m Durchschnitt (Männchen) 4,9–5,2 m Maximum (Männchen)	—
COBORN 1992	5 m Durchschnitt 7 m maximal	—
SCHMIDT 1996	über 6 m maximal	bis 4,5 m Maximum bei etwa 5 m
WALLS 1998	3,6–6 m (Weibchen)	—
HENKEL & SCHMIDT 1999	4–6 m Durchschnitt 7 m maximal	—
TRUTNAU 2002	6–8 m maximal	5 m maximal
BELLOSA (gesammelte Daten)	4–5,5 m Durchschnitt über 6,5 m maximal	3–4 m Durchschnitt etwa 5 m maximal

sehr früh zur Zucht verwendet oder hatten gesundheitliche Probleme bzw. Unfälle. In extremen Ausnahmefällen kann auch eine Hormonstörung ohne weitere Nebenwirkungen zu einem eingeschränkten Wachstum führen, dies wurde mir beim Dunklen Tigerpython allerdings bisher nur von Männchen berichtet.

Rekordexemplare

Unter „Rekordschlangen" verstehe ich Tiere mit über 100 kg Gewicht. Es handelt sich dabei stets um Weibchen des Dunklen Tigerpythons, die je nach Umfang mindestens eine Länge von 5,5 m besitzen. Bei gut proportionierten, d. h. nicht über- oder unterfütterten Exemplaren, passt eine Länge von 6 m ideal zu 100 kg Körpergewicht. Natürlich kann ich an dieser Stelle nicht alle Rekordexemplare erwähnen oder sogar abbilden. Von vielen derartigen Exemplaren ist mir natürlich wohl auch gar nichts bekannt, oder ich habe keine verlässlichen Daten. Von anderen existiert kein brauchbares Bildmaterial, oder dieses wird vom Besitzer

nicht freigegeben. Mit Rekorden ist es halt immer so eine Sache! Wen das Thema „Rekordschlangen" besonders interessiert, der sei hier ausdrücklich auf die Spezialliteratur verwiesen (DIRKSEN 2001; MURPHY & HENDERSON 1997; BELLOSA 2003a, 2003b, 2004). Ich erhalte pro Jahr ungefähr zehn Berichte über Dunkle Tigerpythons, die tatsächlich 5 m und länger sind. Meine Datei dazu umfasst inzwischen über 80 Exemplare von 5 und mehr Metern Länge (Stand: Februar 2006).

Ob der riesige Dunkle Tigerpython mit Namen „Baby", den Lou Daddano in den USA über viele Jahre pflegte, tatsächlich das größte jemals vermessene Tier dieser Art war, konnte mir auch die Redaktion des Guinness Book of Records nicht zuverlässig mitteilen. Hier die Daten, die mir aus eigenen Bildvermessungen aus dem Internet, aus einem Bericht von Lisa DIDIER (EGGLESTON 1994) und aus einem TV-Bericht 2005 bekannt wurden und nachprüfbar sind: 1981 geboren, erreichte das Weibchen im Jahre 1994 ganze 630 cm Länge. Meine Schätzungen für die Endgröße von Baby

2002 liegen zwischen 640 und 660 cm Länge. Das Tier war in einem Schlangen-Safari-Park in Gurnee/Illinois untergebracht und fraß pro Mahlzeit Beute von 20 kg Lebendgewicht. Sein Umfang betrug über 70 cm, und damit dürfte sein Gewicht bei 130–140 kg gelegen haben. Spätere Angaben über das Tier mit höheren Werten fußen auf einigen Ungereimtheiten und werden deshalb hier nicht mit einbezogen.

Über drei Tiere mit annähernd 7 m Länge wurde mir von zuverlässigen Gewährsleuten berichtet. Ein Tier lebte bei Miami, eines bei New Orleans und eines in San Diego. In Europa dürften mindestens 15 Exemplare die 6-m-Marke überschritten haben, davon lebt oder lebte ein Drittel in Deutschland. Von solchen Rekordschlangen geht eine besondere Faszination aus, und mit großer Begeisterung besuche ich die privaten oder öffentlichen Halter dieser Tiere. Jerry WALLS (1998) berichtet von 9,20 m als Rekordlänge (knapp 31 ft), allerdings blieb er bisher den Beleg für ein solches Exemplar schuldig.

Wachstumsverlauf

Das Wachstum einer Schlange ist begleitet von Häutungen, Phasen häufiger oder seltener Nahrungsaufnahme, von wechselnden Umweltbedingungen und von Krankheiten vielerlei Art: Es verläuft also nicht gleichmäßig. Die an Terrarientieren gewonnenen Daten lassen sich deshalb nicht ohne weiteres auf Freilandexemplare übertragen. Dennoch liefern sie uns wichtige Hinweise zum Wachstumsverlauf und lassen Rückschlüsse auf die genetische Ausstattung und den Gesundheitszustand unserer Pfleglinge zu. Beim Tigerpython wandeln sich durch die enorme Gewichtszunahme vom Schlüpfling bis zum Adulttier (Tabelle S. 27 oben) natürlich auch Größe und Art der Futtertiere (Tabelle S. 27 unten).

Gleichzeitig ändern sich das Verhalten, die Häutungsfrequenz und das „Wesen" des Tigerpythons von Jahr zu Jahr. Man kann dementsprechend sechs Wachstumsphasen unterscheiden (Grafik L, Tabellen S. 27).

Kaum zu glauben, dass ein solcher Winzling in nur 1,5 Jahren auf über 3 m heranwachsen kann.
Foto: B. Love/Blue Chameleon Ventures

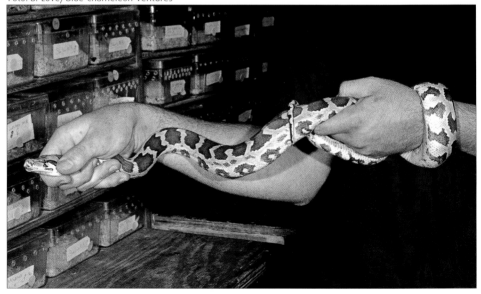

Wachstumsverlauf beim weiblichen Dunklen Tigerpython
(Daten vom Autor gesammelt)

Phase	Stadium	Zuwachs-gruppe	Länge in cm	Kopflänge in mm		Kopfbreite in mm		Umfang in cm		Gewicht in kg	
I	Schlüpfling	Schlupf	40–63	20 –	22	13 –	16	3,8 –	4,7	0,09 –	0,15
II	Jungtier	(1)	75–78	35 –	38	23 –	26	8 –	10	0,3 –	0,35
		(2)	100	42 –	46	27 –	30	11,5 –	13	0,7 –	0,85
III	Jungtier	(3)	120	47 –	49	30 –	32	13 –	14,5	1,1 –	1,25
		(4)	140	52 –	54	36 –	38	16 –	17,5	1,7 –	1,85
		(5)	170	61 –	64	41 –	42,5	19 –	20,5	3,5 –	4,5
IV	halb erwach-sene Schlange	(6)	210	70 –	73,5	45 –	47,5	24,5 –	26	5,5 –	7
		(7)	270	86 –	89	53 –	56	31 –	34	11,5 –	14
V	adulte Schlange	(8)	320	96 –	99	59 –	62	39 –	42	20 –	24
		(9)	380	107 –	111	67 –	70	47 –	50	35 –	38
		(10)	440	120 –	123,5	77 –	79,5	51 –	53	48 –	52
VI	adulte Schlange	(11)	500	125 –	129	88 –	93	55 –	57	64 –	70
		(12)	560	131 –	135	92 –	96	56 –	59	75 –	84
		(13)	620	142 –	150	95 –	110	60 –	65	95 –	110

Wachstumsverlauf und angemessene Futtertiere
(Daten vom Autor gesammelt)

Phase	Größe der Schlange in cm	Gewicht der Schlange	Art des Futtertieres	Gewicht des Futtertieres
I	50–70	115–200 g	Maus	25–35 g
II	75–100	300–1.000 g	kleine Ratte	60–150 g
III	120–185	1,2–4,5 kg	Ratte	150–350 g
IV	200–290	5,0–16 kg	große Ratte,	300–500 g
			Meerschweinchen	400–700 g
V	300–450	20–50 kg	Hasen, Hühner	1–5 kg

Je nach Genausstattung, Futtermenge und Fütterungsfrequenz werden die einzelnen Phasen in unterschiedlichen Zeitabständen durchlaufen und variiert die Adultgröße erheblich. In Abhängigkeit von der Kombination der genannten Faktoren erreicht ein weiblicher Dunkler Tigerpython die Phase VI mit 7–12 Jahren. Männchen überschreiten beim Dunklen Tigerpython die 4-m-Marke in 6–11 Jahren. Allgemein ist die Tendenz zu beobachten, dass Tiere der F_2-Generation im Terrarium schneller und kontinuierlicher wachsen als Tiere der F_4- bis F_6-Generation (F = Filialgeneration, d. h. Folgegeneration nach der Wildfang-Generation, F_1 = erste Filialgeneration).

Neben dem Netzpython zeigt der Tigerpython in den ersten drei Jahren das schnellste Wachstum aller Schlangen. Es gibt verbürgte Fälle, in denen ein Weibchen des Dunklen Tigerpythons nach 18 Monaten die 3,5-m-Marke überschritten hatte. Ab dem fünften Lebensjahr sind jährliche Zuwachsraten von über 50 cm extrem selten. Mit 5–10 Jahren pendelt sich das Längenwachstum auf 20–30 cm pro Jahr ein, sinkt danach unter 20 cm ab, um im Alter bei unter 10 cm pro Jahr schließlich fast aufzuhören. Um im höheren Alter noch deutliche Längenzunahmen zu erzielen, müsste ein großer Python derart viel Nahrung aufnehmen, dass die Enzymproduktion und der Energiehaushalt überfordert wären. Meine umfangreichen Messungen und Berechnungen haben ergeben, dass der Tigerpython vom dritten bis siebten Lebensjahr den höchsten Umsatz an Futtermasse relativ zur

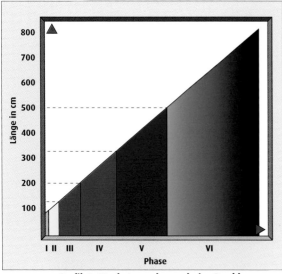

Grafik L: Wachstumsphasen beim Dunklen Tigerpython
Phase I: Schlangenbaby (Schlupfgröße)
Phase II: 70–120 cm
Phase III: 120–200 cm
Phase IV: 200–320 cm
Phase V: 320–500 cm
Phase VI: über 500 cm

Der Autor (rechts) mit „Beatrice", einem großen Weibchen des Dunklen Tigerpythons Foto: H. Bellosa

Körpermasse aufweist, danach steigt der Teil der Futtermasse, der zur Gewinnung von Bewegungs- und Stoffwechselenergie benötigt wird, stark an. Er erreicht bei Tieren zwischen zehn und 20 Jahren das 12- bis 25fache desjenigen Anteils an Energie, der in Körpermasse umgesetzt werden kann. Ab dem 20. Lebensjahr erhöht sich der Futterbedarf zur Deckung von Bewegungs- und Stoffwechselenergie noch drastischer, sodass der Tigerpython, wie vermutlich alle groß werdenden Riesenschlangen, letztendlich nach meinen Beobachtungen aus der eigenen Körpersubstanz Masse abbaut. Er wird wieder schlanker und leichter, fällt an den Seiten ein und verhungert schließlich förmlich. Das Höchstgewicht besitzt eine solche Riesenschlange meist 4–7 Jahre vor ihrem Tod.

Noch ein anderer Aspekt gehört hierher: Je größer der Umfang einer Riesenschlange ist, umso langsamer wächst sie. So kann ein Tigerpython von 60 cm Umfang nicht genauso schnell in die Länge wachsen wie einer mit 30 cm Umfang: Bei Ersterem bedeuten 10 cm Länge 1,4 kg Gewicht, bei Letzterem 600 g.

Häutung

Wie bei allen Schlangen verläuft die Häutung des Tigerpythons in vier Phasen:

Phase A: Die Bauchschienen färben sich rosa, die Grundfarbe wird blasser, die Augen bekommen einen Blaustich.

Phase B: Die Gelbtöne verschwinden, die Haut ist blassgrau, die Augen erscheinen hellblau.

Phase C: Die Grundfarben werden wieder sichtbar, die Augen klar.

Phase D: Eigentliche Häutung

Der Grund für diese Phasen liegt in den komplexen Stoffwechselprozessen, die der Neubildung der Schuppenhaut und ihres Untergewebes zugrunde liegen, und der Bildung einer Ablöseflüssigkeit, die sich als Film zwischen alte und neue Haut schiebt.

Tigerpython in der Häutung Foto: H. Bellosa

Bei Schlüpflingen und Jungschlangen beträgt die Gesamtdauer dieser Phasen 6–8 Tage, bei halb erwachsenen Schlangen 10–12 Tage, bei mittelgroßen Tieren 12–18 Tage und schließlich bei Altschlangen 17–28 Tage. Diese Verlängerung der Häutungsphasen muss bei der Planung der Fütterungen, gerade auch in der Urlaubszeit, einberechnet werden. Hilfreich ist eine ausreichende Erhöhung der Luftfeuchte im Terrarium der Pythons in Phase C, falls die Tiere nicht von sich aus das Wasserbecken aufsuchen. In der Praxis können weitere Wassergefäße aufgestellt werden, und zusätzlich sollte man Teile der Einrichtung besprühen, die auch eine gewisse Speicherkapazität besitzen (Korkrinde, Bodengrund). Bewährt hat sich auch das Auslegen von Zeitungen, die drei Mal pro Tag besprüht werden. Dass sich die eigentliche Häutung nach Einlegen mehrerer Ruhephasen über zwei Tage hinzieht, kommt öfters vor. Bei Schlangen über 3 m Länge ist eine Häutung an einem Stück schon aus mechanischen Gründen kaum zu erwarten und geschieht nur in Einzelfällen.

Die Häutungsfrequenz korreliert mit der Futteraufnahme und dem Wachstum, wird aber darüber hinaus von endogenen (inneren) Faktoren bestimmt. Trotz intensiver Nachforschungen konnte ich bisher keine ausgeprägten, einheitlichen Häutungszyklen feststellen: Sie variieren von 23–182 Tagen (n = 2.400). Lediglich in der Phase der Follikelbildung kann bei den Weibchen der Häutungsrhythmus verlängert werden, hier spielen sich Verschiebungen der Hormontiter ab. Die Tabelle S. 30 zeigt die Anzahl der Häutungen für Tiere bis 15 Jahre anhand von Daten, für Tiere bis 20 Jahre aus Berechnungen.

Anzahl der Häutungen beim Dunklen Tigerpython
(Daten vom Autor gesammelt)

Zeitraum	minimale Anzahl	maximale Anzahl	durchschnittliche Anzahl
1. Lebensjahr	6	12	8,5
2. Lebensjahr	5	9	7,1
3. und 4.Lebensjahr	je 5	je 8	je 6,3
5.-7. Lebensjahr	je 4	je 8	je 5,9
8.-10. Lebensjahr	je 3	je 7	je 4,8
11.-15. Lebensjahr	je 3	je 6	je 4,1
16.-20. Lebensjahr	je 2	je 5	je 3,3-3,8

Anzahl der untersuchten Tigerpythons: 1-7 Jahre: 30-40 Tiere; 8-10 Jahre: 18 Tiere; 11-15 Jahre: 9 Tiere; 16-20 Jahre: aus wenigen Hinweisen berechnet

Während Fastenperioden oder Phasen geringer Futteraufnahme kann auch bei semiadulten Tieren die Dauer der Häutungsintervalle stark ansteigen, beispielsweise von 45 auf 120 Tage. Andererseits können Tigerpythons auch Häutungen in normalem Abstand zeigen, obwohl keine Futteraufnahme stattfand. Die tageszeitliche Verteilung der eigentlichen Häutungen des Dunklen Tigerpythons im Vergleich zu einem reinen Regenwaldbewohner (z. B. Rote Regenbogenboa, *Epicrates cenchria cenchria*) zeigt Grafik M.

Die bei der Häutung abgestreifte Haut des Tigerpythons lässt sich gut aufziehen und haltbar machen, hinter Glas hat man dann ein wunderbares Dokument eines Schlangenbabys oder einer Jungschlange mit der kompletten Musterung. Ein großes Weibchen eines Freundes häutete sich im Jahr 2000 in fast einem Stück, und diese Haut von annähernd 6 m Länge habe ich auf Tapete (weiße Raufasertapete, mit Holzleim großflächig verklebt) aufgezogen und demonstriere damit seither bei Vorträgen die

Grafik M: Tageszeit der Häutung beim Dunklen Tigerpython im Vergleich zur Roten Regenbogenboa (*Epicrates cenchria cenchria*)

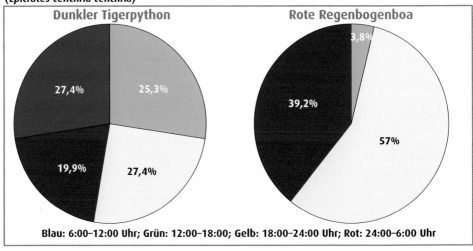

Manchmal legen die Tiere während der eigentlichen Häutung noch einmal Ruhephasen ein.
Foto: H. Bellosa

Adultgröße des Dunklen Tigerpythons. Welche Dehnbarkeit eine solche frisch abgestreifte Haut (Exuvie) hat, kann man aus dem Vergleich mit der realen Länge der Schlange entnehmen, die 480 cm betrug. Die echte Haut von Schlangen, das Leder, weist allerdings beim Gerbvorgang nach westlichem Standard eine wesentlich geringere Längendehnung auf: So maß die gegerbte Haut eines adulten Albino-Tigerpythons nur 5 cm mehr als das lebende Tier. Auf dem Markt oder an der Straße erworbene Häute von Riesenschlangen, die in „Entwicklungsländern" gerne angeboten werden, wurden sehr selten gegerbt, sondern meistens nach Einpflockung und damit verbundener Streckung luftgetrocknet bzw. gerollt. An den Schuppenabständen lässt sich dann die Verlängerung ablesen und auf die lebende Schlange hochrechnen. Zu Recht werden deshalb solche Häute nicht bei Re-

kordlängen berücksichtigt – anders als Häute, die durch geeignete Gerbungsverfahren gewonnen werden (Fuchs & Fuchs 2004).

Verbreitung und Lebensräume

Ein Blick auf die Verbreitungskarte S. 32 zeigt eindrucksvoll, dass der Tigerpython ähnlich wie der Netzpython und auch der Felsenpython eine extrem große Landfläche besiedelt. Sein Verbreitungsgebiet reicht von 67–123° östlicher Länge und von 30° nördlicher bis 8° südlicher Breite. In der Höhenverbreitung ist er vom Tiefland bis in die submontane Stufe zu finden, also bis 1.000 m ü. NN. Gebiete mit extremer Trockenheit, wie sie als Halbwüsten und Wüsten in West- und Zentralindien vorkommen, meidet er dagegen. Im Norden und in Höhenlagen der südlichen Teile des Verbrei-

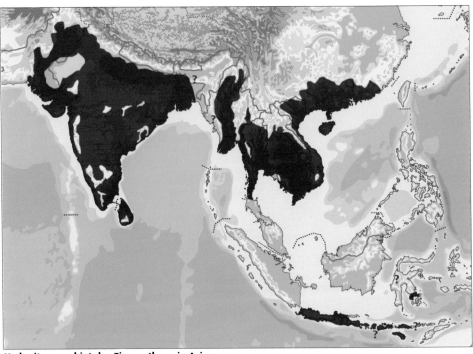

Verbreitungsgebiet des Tigerpythons in Asien

tungsgebietes führen die Tiere eine Winterruhe durch, was bei Exemplaren aus solchen Regionen bei der Haltung berücksichtigt werden sollte, gerade im Hinblick auf die Zuchtstimulation.

Inwieweit es ein Überschneidungsareal der beiden Unterarten in den Ost- und Südostteilen von Bangladesch oder eventuell weiter nördlich gibt, müssen Freilandstudien klären. Möglicherweise sind mehr Sunda-Inseln vom Dunklen Tigerpython bevölkert als bisher angenommen, Borneo jedoch sicher nicht! Dort gab es einen lebhaften Handel mit Tigerpythonhäuten, diese stammten aber aus Java oder Sulawesi. In Florida/USA ist ein kleineres Gebiet von verwilderten Tigerpythons besiedelt, die dort aus zahlreichen Reptilienzoos oder von Händlern entkamen bzw. wohl auch von überforderten Privathaltern ausgesetzt wurden.

Die Angaben verschiedener Autoren bezüglich der Verbreitung stimmen in folgenden Gebieten überein:

Dunkler Tigerpython:

Myanmar, Thailand bis zum Isthmus von Kra, Laos, Kambodscha, Bangladesch, Vietnam, Südwest-Provinzen von China einschließlich der Insel Hainan, Java, Sulawesi, Sumba, Sumbawa, Nordteil von Bali, Nordwestteil von Flores, bei Lombok bestehen Zweifel. Ob bei den verschiedenen Inselpopulationen inzwischen so starke Abweichungen entstanden sind, dass hier von eigenen Unterarten gesprochen werden kann, müssen genetische Studien (DNA-Analysen) in den nächsten Jahren klären.

Heller Tigerpython:

Bangladesch, Indien, Nepal, Pakistan, Sri

Lanka; bei den gemeldeten Vorkommen an den Südhängen des Königreichs Bhutan bestehen einige Zweifel.

Lebensräume des Tigerpythons sind Tiefland- und vor allem Bergregenwälder, daneben auch Monsunwälder, Saisonregenwälder, Galeriewälder und halbimmergrüne Wälder, Buschlandschaften mit Felsen, dicht bewachsene Flussufer, Feldränder und andere Kulturlandschaften. Die Habitate unterliegen oft menschlichen Eingriffen, sodass in den allermeisten Fällen von Sekundärarealen die Rede sein muss. Ist die Präsenz des Menschen zu flächendeckend bzw. ist das Gebiet sehr durch Landwirtschaft geprägt, findet man den Tigerpython seltener – im Gegensatz zum Netzpython ist er nämlich ein Kulturflüchter (HENKEL & SCHMIDT 1999; MANTHEY & GROSSMANN 1997; TRUTNAU 2002).

Entscheidend für den Lebensraum sind die Nähe zu einem Gewässer und recht häufig auch die Durchsetzung mit größeren Felseninseln. Nicht selten trifft man den Tigerpython in verlassenen Ruinen mit Wasserbecken und einzelnen, großen Bäumen an. Da er recht häufig in Erdhöhlen sein Versteck hat, sind auch Grasgebiete mit lockerem Baumbestand, ähnlich den Savannen in Afrika, ein typischer Lebensraum (CHAN-ARD et al. 1999). Sehr feuchte, geschlossene Regenwaldareale meidet er (AULIYA, pers. Mittlg.).

Sekundärwald als Biotop des Tigerpythons in der Loei-Provinz, Thailand Foto: W. Grossmann

Lebensweise und Bedrohung

Der Tigerpython ist eine vorwiegend bodenbewohnende Schlange, darauf weisen sämtliche Freilandbeobachtungen und auch Berichte aus der Terrarienhaltung hin. Äußerst selten habe ich Tiere im Terrarium beobachtet, die im Geäst geklettert wären, am ehesten noch Exemplare unter 2 m Länge. Allerdings ruht der Tigerpython gern an einem geschützten, erhöhten Platz, und dies kann durchaus eine breite, niedrige Astgabel sein. So werden die Tiere in der Natur denn auch im Geäst von Büschen und Bäumen gefunden. Nach Einbruch der Dämmerung verlässt der Tigerpython sein Versteck, beispielsweise in einer Felsspalte, und sucht sich einen Platz, an dem er auf Beute lauert, etwa einen Pfad im Wald oder ein Flussufer. Oft lauert er hier im Uferwasser auf Beute, die zur Tränke kommt. Er erweist sich dabei manchmal als notorischer „Gewohnheitsfresser": In einer Dokumentation wurden mehrere adulte Helle Tigerpythons gezeigt, die herabgefallene Jungvögel einer Storchenkolonie verspeisten. Der Tigerpython

Primärwald als Lebensraum des Tigerpythons; Khao-Yai-Nationalpark, Thailand Foto: W. Grossmann

hat ein weites Nahrungsspektrum: Frösche, Kröten, Reptilien (Warane), Nagetiere (selbst Stachelschweine), Affen, kleinere Raubtiere, Vögel, vor allem Wasservögel und Stelzvögel in Wassernähe (MASH 1944; TRUTNAU 2002). Selbst Flughunde werden von Tigerpythons erbeutet (FOSTER & PRICE 1997). Die ganz großen Beutetiere, wie Schweine, Wasserrehe, Kitze von Geweihträgern (verbürgt sind Fälle beim Axishirsch), Gazellen, Antilopen oder größere Katzen (Leoparden), überwältigt er nur in Ausnahmefällen. Wie jüngst ein Fall in Florida beweist, gehören auch Panzerechsen zur Beute des Tigerpythons. Dort hatte ein 4-m-Exemplar einen 2-m-Alligator erbeutet und verschlungen. Kurioserweise erlag die Schlange dann einem Darmdurchbruch nach außen, der vermutlich durch einen Biss des Alligators zuvor und die starke Gasbildung während der Verdauung ausgelöst wurde (Bild und Bericht in „BILD", 6.10.2005). Auch das viel zitierte Beispiel eines 5,7-m-Tigerpythons, der einen Leoparden von 45 kg Gewicht verschlungen hatte, belegt, dass der Tigerpython enorme Körperkräfte beim Erdrosseln und Verschlingen entwickelt (HARTMANN 1987). Beobachtungen von Haltern und Züchtern bestätigen, dass der Tigerpython die volle Muskelspannung über eine Stunde beibehalten kann. Bei Fütterungsversuchen im Zoo wurden Schafe, Ziegen und Schweine bis über 50 kg Lebendgewicht bewältigt. Im Frankfurter Zoo fraß ein Dunkler Tigerpython zunächst ein Schwein von 54 kg, wenig später eine Ziege von 47,5 kg (Zeitungsangabe des Reptilienzoos Regensburg). Wird *Python molurus* bei der Futteraufnahme in der Natur gestört, so würgt er die Beute aus und verteidigt sich vehement. Ist der Gegner ein Rudel Goldschakale (*Canis aurius*), das in etwa die gleichen Beutetiere jagt, so muss er meist aufgeben und sich zurückziehen (SINGH 1983).

Einen einzelnen Goldschakal greift er dagegen an und frisst ihn durchaus.

ANDERSON et al. (2005) fanden heraus, dass sich das Herz des Tigerpythons nach einem Fressakt in nur 48 Stunden um 40 % seiner ursprünglichen Masse vergrößert. Dies kommt durch verstärkte Bildung von Muskeleiweißen (Myosine) zustande. Auf diese Weise steigert der Python die Leistungsfähigkeit seines Herzens und beschleunigt den Stoffwechsel. Ist die Verdauung abgeschlossen, verkleinert sich das Herz wieder auf die Ruhegröße. Wodurch diese Herzvergrößerung reguliert wird, ist noch nicht ausreichend erforscht. Das Verdauungssystem passt sich ebenfalls jeweils speziell der Nahrungssituation an: 2–3 Tage nach dem Fressakt steigt die Stärke der Dünndarmschleimhaut Dunkler Tigerpythons auf 300 % des Ruhewertes, die Masse des Dünndarms wächst in ähnlichem Ausmaß an (STARCK & BEESE 2001). Die Verdauung des Tigerpythons erfordert übrigens einen enormen Energieverbrauch, nämlich rund 27 % der mit der Beute aufgenommenen Energie (OVERGAARD et al. 2002).

Da der Tigerpython menschliche Siedlungen meidet, erbeutet er recht selten Haustiere. Die Angriffe von Riesenschlangen auf Menschen, von denen ab und zu die lokale Presse berichtet, beziehen sich fast ausnahmslos auf den Netzpython.

Der Tigerpython gilt auch bei den meisten Völkern seines Verbreitungsgebietes als friedlicher Vertreter einer geduldeten Tiergruppe – sorgt er doch für die Reduzierung von Mäusen und Ratten.

In Gebieten mit kühlen Wintern, beispielsweise Assam und Nepal, wird bei Tigerpythons eine Winterruhe beobachtet, die ca. 3–4 Monate dauert, wie oben schon angedeutet. In den subtropischen und tropischen Gebieten sind Tigerpythons zwar ganzjährig aktiv, legen aber in der Trockenzeit (Dezember bis März) auch Fastenperioden ein. Der Fastenrekord des Tigerpythons liegt bei 30 Monaten (MCARTHUR 1922, zit. nach MURPHY & HENDERSON 1997).

Betrachtet man die Situation des Tigerpythons aus der Sicht des Arten- und Naturschützers, so muss man eine deutliche Zweiteilung vornehmen: Im Bereich Indien und Sri Lanka geht die Bedrohung von der Zersiedelung und Ausdehnung der Landwirtschaft, der starken Bodenerosion und dem steigenden Holzeinschlag aus. Auch Naturkatastrophen wie der Tsunami des Jahres 2005 an den Küsten Sri Lankas können eine ohnehin kleine Population (TODD 1984) in Gefahr bringen. Generell achten die Menschen den Python in buddhistisch geprägten Ländern eher als Mitgeschöpf. Sie haben selten Furcht vor ihm, meist ignorieren sie ihn einfach.

Im südostasiatischen Lebensraum dagegen, vor allem in Südchina, Vietnam, Kambodscha, Laos, Malaysia und Indonesien, existiert neben dem Druck durch die enorme Bevölkerungszunahme auch eine starke Bedrohung durch die Vermarktung des Fleisches und der Haut (eigener Bedarf und Export). Tausende von Abdeckereien beseitigen die traurigen Reste der großen und kleinen Schlangen, nachdem die Händler das Fleisch, die inneren Organe (für medizinische und pharmazeutische Zwecke) und schließlich die Haut entnommen haben (TWIGGER 2001).

Wurden im letzten Jahrhundert lebende Tigerpythons noch bis in die 1970er-Jahre in großen Stückzahlen importiert, wird die Nachfrage durch Terrarianer inzwischen durch die Inlandszuchten weitgehend gedeckt. Auch auf diesem Sektor setzt nach und nach ein Umdenken ein, sodass illegaler Tierhandel für den Tigerpython kein Problem darstellt. Die speziellen Wünsche, beispielsweise nach neuen Farbvarianten, werden durch Nachzuchten aus den USA und zunehmend auch Ländern der EU einschließlich der neu hinzugekommenen östlichen Nachbarn abgedeckt.

▷ Haltung

Historische Aspekte

Während im Alten Ägypten und Rom vorwiegend Giftschlangen als Symbole der Macht und der Bestrafung gehalten wurden (BREHM 1928), konnten an den indischen Fürstenhöfen Pythons als Beschützer und Helfer der Herrscherfamilie bewundert werden. Nachdem 1831 der englische König William der Royal Zoological Society die ersten Schlangen vermacht hatte, diese dann 18 Jahre lang in Kisten leben mussten und erst 1849 in das neu gebaute Serpentarium des Londoner Zoos übersiedelt wurden, konnten auch Europäer Tigerpythons bewundern. Sie galten als angenehme Pfleglinge und wurden im Winter in Decken eingewickelt – diese verspeisten sie dann regelmäßig (SEAL 2000). In den exotischen Menagerien vieler Schlösser und Parkanlagen vor allem des späten 19. Jahrhunderts durften Tiger- und Netzpython nicht fehlen, verbanden sie doch Furcht und Faszination auf ideale Weise miteinander. In dieser Zeit entwickelte sich auch die Tradition der Schlangenvorführung im Zirkus und des Schlangentanzes im Varieté. Während zu Beginn des 20. Jahrhunderts in den Tierparks immer größere Netzpythons die Attraktion wurden, blieb der umgänglichere Tigerpython die Schlange der Wahl im Zirkus und auf der Kleinbühne. So trat 1925 Arimand Bann, eine indische Tänzerin und Schlangenbeschwörerin, in London auf; sie garnierte ihre exotischen Auftritte, nur mit einem Seidentuch bekleidet, durch einen schlanken Hellen Tigerpython, den das staunende und erschaudernde britische Publikum als Kobra angekündigt bekam (YAPP 1998).

Nach dem 2. Weltkrieg wurden immer spektakulärere Programme mit Schlangen angeboten: Millie Hayes nimmt 1952 den Kopf eines knapp 3 m langen Hellen Tigerpythons in der Bar des Peggy-Bradford-Hotels in den Mund (YAPP 1998). Die ersten Massentouristen wohnen Pythonvorführungen in Ländern der so genannten Dritten Welt bei, bekommen dabei die Schlangen um den Hals gehängt und ein Foto als bleibende Erinnerung. Gleichzeitig beginnt die Terraristik aus ihren Kinderschuhen zu wachsen – bei einzelnen Liebhabern entstehen Terra-

Der Tigerpython ist ein Klassiker der Terraristik. Foto: M. Drexl

Zunehmend sind Farbformen auf dem Vormarsch. Foto: B. Love/Blue Chameleon Ventures

rien für Riesenschlangen: Neben der beliebten *Boa constrictor* findet der Tigerpython schnell einen Stammplatz. Während in den USA und Großbritannien, aber auch in Deutschland die riesigen Netzpythons für Nervenkitzel sorgen, avanciert der Tigerpython zum privaten Schaustück. Gleichzeitig gibt es aber unter den Terrarianern auch eine Reihe ernsthafter Züchter und wissenschaftlich orientierter Laien. Zu den Pionieren der Tigerpython-Haltung und -Nach-

zucht gehören in Deutschland wohl Manfred Kohl und Karl-Heinz Progscha, die ich beide in Köln kennen lernte. Ersterer hält meines Wissens auch den Rekord für die längste Haltung des Hellen Tigerpythons: Ein Weibchen erreichte bei ihm ein Alter von 39 Jahren.

Unbedingt erwähnen muss man bei den Verdiensten um das Wissen über die Fortpflanzungsbiologie des Tigerpythons die Herren Gustav Lederer vom Zoo Frankfurt

Seit eh und je ist der Tigerpython die Traumschlange vieler Terrarianer.
Foto: B. Love/Blue Chameleon Ventures

Ungewöhnliche Färbung eines Jungtieres Foto: W. Grossmann

und Carl Stemmler-Morath vom Zoo Basel, deren Aufzeichnungen und Artikel (LEDERER 1956; STEMMLER-MORATH 1956) richtungsweisend für viele Terrarianer-Generationen wurden. Heute herrscht ein reger Austausch von Erfahrungen über das Internet, sodass jeder Interessierte an die Informationen seiner individuellen Bedürfnisse gelangt. Allerdings ist gerade im Internet nicht alles Gold, was glänzt – kritisches Hinterfragen der dort angebotenen Infos kann nicht schaden ...

Vor der Anschaffung

Jedes Schlangenbaby ist ein reizendes Geschöpf, und gerade der Tigerpython mit seinem lebhaften Fleckenmuster verleitet als Jungtier leicht zum Kauf. Auch Albino-Junge mit ihrem hohen Orange-Anteil lassen viele gewichtige Gründe gegen die Haltung plötzlich in den Hintergrund treten. „Den Tigerpython wollte ich eigentlich schon immer mal halten" – diesen Satz kenne ich nur zu gut! Auch kommt es immer wieder vor, dass ein Einsteiger schnell an den Tigerpython gerät und sich daraus die große „Lie-

be" entwickelt: Er wird zum erfolgreichen Halter und Züchter – trotz geringer anfänglicher Erfahrung. Dennoch plädiere ich hier ausdrücklich für das Motto: Tigerpythons nur in erfahrene Hände!

Haltungsvoraussetzungen

- Der Tigerpython ist keine „größere Ausgabe" einer *Boa constrictor* oder eines Königspythons. Es handelt sich vielmehr um eine Schlangenart, die in ihrer Heimat an der Spitze der Nahrungskette neben dem Leoparden, dem Lippenbär oder dem Krokodil steht und auch ihrem Halter gefährlich werden kann.
- Mit dem Tigerpython muss man sich beschäftigen, wenn er einen ruhigen, verlässlichen „Charakter" ausbilden soll. Das Hantieren in seiner Nähe könnte ansonsten zum Alptraum werden.
- Nur ruhige und umgängliche Tiere lassen sich verkaufen, von der Urlaubsvertretung pflegen oder in andere Terrarien umsetzen.
- Der Tigerpython ist kein „Sammelobjekt": Er braucht auf Dauer den ganzen Einsatz des Halters.
- Der Platzbedarf bereits eines einzelnen Exemplars ist erheblich, bei mehreren Tieren sind nicht nur entsprechend größere Dimensionen, sondern auch Ausweich- und Quarantänebecken einzuplanen.

Wer eine sehr ruhige, weitgehend berechenbare und eindrucksvolle Schlange sucht, die die ganze Breite von zunächst niedlich bis nach einigen Jahren „gewaltig" abdeckt, der ist mit dem Tigerpython bei der richtigen Art angelangt. Wenn es dann auch nichts ausmacht, dass der verfügbare Platz für nur eine Schlange oder ein Pärchen genutzt werden kann, dann wird man viel Freude mit den Tieren erleben und für die Einschränkungen reich entschädigt. Seit 35 Jahren ist der Tigerpython meine Lieblingsschlange, was die Haltung im Privatbereich anbelangt, und alle Züchter und langjährigen Halter bestätigen mir die guten Eigenschaften dieser Spezies.

Erwerb

Hier möchte ich einige Hinweise und Orientierungshilfen für den Käufer einerseits, aber auch Anregungen für den Verkäufer andererseits geben.

Der Tigerpython kann unbesorgt als Schlangenbaby erworben werden, da dieses bereits Mäuse fressen kann und keine besonderen Erfahrungen in der Aufzucht nötig sind. Es ist sogar vorteilhaft, das Tier von Anfang an zu kennen. Bei wem kann ich ein solches Jungtier kaufen?

Beim Züchter

Kennt man einen Züchter in der Nähe (Anzeigen finden Sie z. B. in der RepTV, die Abonnenten von REPTILIA und TERRARIA erhalten), so empfiehlt sich der Kauf dort unbedingt. Man kann die Elterntiere und ihre Haltung anschauen, Fragen stellen und sich das Tier meist aussuchen. Die Preise sind niedrig, und der Züchter gibt oft wertvolle Tipps zur Haltung. Die Schlange kommt dann nach dem Heimtransport (dafür empfehlen sich auf links gedrehte Leinensäcke, die dann rutschsicher in einer Styroporkiste untergebracht werden) sofort

Ein Besuch beim Züchter ist immer sehr aufschlussreich. Foto: H. Bellosa

in das eigene Quarantäne-Becken. So kann zusätzlicher Stress vermieden werden, und Sie können frühzeitig mit der regelmäßigen Fütterung beginnen. In den letzten Jahren bieten viele Züchter ihre Tiere auch über das Internet in Kleinanzeigen an, bei geeigneten klimatischen Bedingungen erfolgt dann der Versand per Eilzustellung durch spezialisierte Transportfirmen (die Deutsche Post dagegen übernimmt den Versand lebender Wirbeltiere nicht mehr), oder besser noch: Der Käufer holt sich das Tier selbst ab. Meist kann der Käufer auf der entsprechenden Homepage auch die Tiere anschauen, allerdings ist ein persönlicher Eindruck wesentlich wertvoller.

Beim Terraristik-Händler

Der oft am Ort oder in der Nähe befindliche Terraristik-Händler kann Tigerpython-Babys meist leicht und in jeder gewünschten Farbvariante besorgen, falls dies in Ihrem Bundesland genehmigt ist. Neuerdings ist auch der Handel mit Babys des Tigerpythons beispielsweise in Bayern auf Börsen

**Auch auf Börsen kann man Tigerpythons
erwerben** Foto: K. Kunz

und die Kompetenz des Verkäufers auszuloten. Der Gesundheitszustand eines Schlangenbabys kann durch eine rein äußerliche Begutachtung durch Glas hindurch sicher nicht festgestellt werden. Selbst ein kleiner Tigerpython, der sich in der Hand agil und lebhaft züngelnd bewegt, muss nicht gesund sein. Erst wenn der Mundinnenraum, der Kloakenbereich und die Atmung genau inspiziert wurden, sind größere Gesundheitsprobleme auszuschließen. Die Untersuchung einer oder besser mehrerer Kotproben während der Quarantänezeit klärt dann die letzten Zweifel.

Einige allgemeine Hinweise für den Kauf einer Schlange

- Nehmen Sie einen Fachmann oder einen erfahrenen Freund mit, der seinen Eindruck mit Ihnen diskutieren kann!
- Bei einer Schlange wie dem Tigerpython sollten Sie nicht auf Schnäppchenjagd gehen, ein gesundes Tier hat seinen Preis!
- Bereiten Sie den Transport gut vor (Leinensack, ausreichend große Styroporkiste, Wärmflasche) und achten Sie dabei auf die Temperatur und Zugluft!
- Beim Tigerpython sind die Babys manchmal hektisch und bissig, das legt sich bei guter Pflege aber rasch.

völlig untersagt. Achten Sie auf die Sauberkeit, Versteckmöglichkeiten und das Wasserbecken im Terrarium. Fragen Sie nach den Elterntieren und dem Anlieferungsdatum. Bei manchen größeren Händlern kann eine Tierbestandsliste angefordert und über die Internet-Homepage die aktuelle Lieferbarkeit der gewünschten Exemplare eingesehen werden.

Auf der Börse

Eine große Zahl an Reptilienbörsen erfreut sich seit Jahren wachsenden Zustroms, jedes Jahr kommen neue dazu, und die Terraristikbranche boomt. Auch der Tigerpython wird regelmäßig angeboten, meist als Baby und in der „Albinoform". Oft sind die Züchter selbst dabei, manchmal auch lediglich Verkäufer ohne Kenntnisse über die angebotenen Tiere. Es gilt wieder, möglichst viel über die angebotene Schlange zu erfahren

Achten Sie beim Kauf eines Tigerpythons darauf, dass

- das Tier nicht schlangenatypisch lang ausgestreckt ruht,
- sich in einem guten Ernährungszustand befindet,
- keine Knötchen unter der Haut zu sehen oder fühlen sind,
- die Wirbelsäule an keiner Stelle einen Knick bzw. eine Verkrümmung aufweist,
- der Atem leicht und geräuschlos geht,
- die Maulspalte geschlossen und das Maul frei von Schleim oder Entzündungen ist,
- keine Häutungsreste am Tier kleben (das wiese auf eine falsche Haltung beim Vorbesitzer hin, die eventuell gesundheitliche Schäden hinterlassen haben könnte),
- die Kloake sauber und nicht verschmiert sowie
- das Tier milbenfrei ist.

Quarantäne

Bevor ich zum eigentlichen Terrarium komme, zunächst ein paar Worte zur Quarantäne. Eine Quarantänezeit sollte nämlich unbedingt eingehalten werden, besonders, wenn Sie noch weitere Reptilien pflegen. Wegen der eventuellen Ansteckungsgefahr ist es am ratsamsten, das Quarantänebecken in einem Zimmer aufzustellen, in dem sonst keine Reptilien gehalten werden. Es kann etwas kleiner als das eigentliche Terrarium sein, muss aber in Hinblick auf Temperatur, Luftfeuchtigkeit und sonstige Haltungsansprüche optimal ausgestattet werden. Die weitere Einrichtung dagegen beschränkt sich auf das Nötigste. Der Boden wird mit einigen Lagen aus Zeitungspapier bedeckt, eine Wasserschale und ein Versteck müssen natürlich auch vorhanden sein. Die Einrichtungsgegenstände ebenso wie hier benutzte Gerätschaften wie Futterpinzetten, Bürsten oder Schlangenhaken dürfen keinesfalls auch für den restlichen Reptilienbestand verwendet werden, um die Übertragung von Krankheiten und Parasiten zu vermeiden.

Sobald das Tier zum ersten Mal Kot absetzt, wird dieser an ein entsprechendes Institut geschickt (Adressen finden Sie am Schluss des Buches), wo er auf Krankheitserreger und Parasiten untersucht wird. Lassen Sie das Tier auch auf IBD (siehe „Krankheiten und Parasiten") testen. Beobachten Sie Ihren Neuankömmling gut und achten Sie auf Verhaltensauffällig-

keiten. Waren diese und weitere Kotproben negativ und liegen auch sonst keine Symptome für Krankheiten vor, können Sie den Python nach drei Monaten in sein eigentliches Terrarium überführen. Diese Zeit mag recht lange erscheinen, ist aber vor allem aufgrund der verheerenden Folgen einer eventuellen Einschleppung von IBD zu empfehlen.

Eigenhygiene

Die meisten Krankheitserreger von Schlangen sind wirtsspezifisch und können daher Ihnen als Halter nicht schaden. Ausnahmen sind allerdings in erster Linie Salmonellen, in sehr seltenen Fällen auch Mycobakterien, die beim Menschen zu Lungenkrankheiten führen können. Auch Kontakt mit Schlangenmilben sollte vermieden werden. Um Übertragungen auf den Menschen auszuschließen, sollten Sie entsprechende Hygienemaßnahmen treffen. Waschen Sie sich nach jedem Kontakt mit Tieren, Zubehör und Einrichtungsgegenständen gründlich die Hände, desinfizieren Sie benutzte Gerätschaften wie Sonden oder Futterzangen. Desinfizieren Sie Bisswunden unverzüglich, suchen Sie bei Komplikationen den Arzt auf.

Extrem schlanker Dunkler Tigerpython in Quarantäne-Haltung
Foto: H. Bellosa

Terrarium

Ein Terrarium für Tigerpythons muss bestimmte Kriterien erfüllen. Dabei spielt die absolute Größe des Behälters bzw. Raumes keine ausschlaggebende Rolle, zumindest nicht ab einem bestimmten Rahmen: Oft entwickeln sich Tiere in etwas kleineren Behältern besser als in zu weitläufigen Anlagen. Ganz wichtig ist auch das Prinzip des „mitwachsenden Terrariums": Ein junger Tigerpython gedeiht in einem kleineren Terrarium prächtig, während er sich in einem größeren Behälter, womöglich dann mit anderen Riesenschlangen vergesellschaftet, schlechter entwickelt. Daneben sind die Einhaltbarkeit von Hygiene, das Angebot unterschiedlich temperierter Plätze und das Vermeiden von Verletzungsquellen wichtige Kriterien an ein gutes Tigerpythonterrarium.

Neben der Ausstattung des Terrariums und seinen grundsätzlichen Bauelementen stehen der Einsatzwille des Halters und das genaue Beobachten der Tiere für die Gesundheit der Schlangen an erster Stelle. Ein noch so gut gebautes und eingerichtetes Terrarium kann Reinigungsarbeiten, das Bemerken eventueller Krankheiten und die Gänge zum Tierarzt nicht ersetzen.

Ein Terrarium für adulte Tigerpythons kann man selten einfach kaufen. Da es einerseits stabil und geräumig sein, andererseits genügend Fläche zur Bewegung, Verstecke und eine Bademöglichkeit bieten soll, baut man es am besten selbst. Dazu gehören keine außergewöhnlichen handwerklichen Fähigkeiten oder besonderen Geräte. Bohrmaschine, elektrische Stichsäge und Planschleifer genügen, dazu ein Hobbyraum oder Keller mit der Möglichkeit, auch größere Bretter oder Spanplatten einspannen zu können.

Es würde den Rahmen dieses Buches sprengen, hier ausführliche Bauanleitungen

Grafik N: Das typische Tigerpythonterrarium

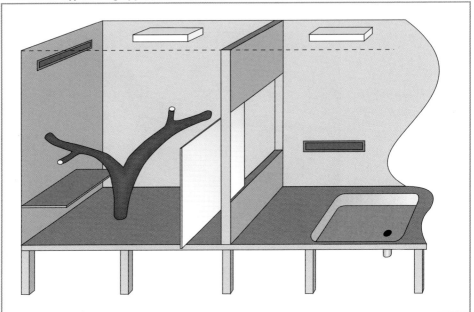

für die verschiedenen Varianten eines Groß-
terrariums zu bieten. Dazu sei beispielsweise
auf HENKEL & SCHMIDT (2003) verwiesen.
Auch im Internet finden sich viele brauch-
bare Anregungen. Der Bogen solcher Groß-
terrarien reicht dabei von Zimmer- und
Halbzimmerterrarien (aus Holz, Rigips oder
Gasbetonsteinen, anschließend gut isoliert)
bis hin zu selbst gebauten oder erworbenen
Konstruktionen aus verschiedenen Materialien. Einfach zu verarbeiten sind beschichtete Spanplatten entsprechender Stärke. Alle
Fugen müssen sorgfältig mit Silikon verschlossen werden, um das Eindringen von
Feuchtigkeit zu verhindern. Planen Sie ausreichend große Lüftungsflächen ein (vor
dem Zusammenbau einbringen!), die z. B.
mit Lochblech ausgestattet werden können.
Die eingesetzten Scheiben müssen sehr stabil
sein, je nach Größe des Tiers sind mindestens
8 mm Glasstärke empfehlenswert. Besonders
angesichts der Tatsache, dass Spanplatten

brandgefährdet sind, müssen alle Elektroin-
stallationen, etwa Beheizung und Beleuchtung, unbedingt vom Fachmann vor- oder
zumindest abgenommen werden.

Was muss das Terrarium bieten? Um es
salopp auszudrücken: Bauen Sie keine
sterilen Plastikwelten und auch keinen tropischen Regenwald in das Terrarium, sondern ein spärlich eingerichtetes, mit Bademöglichkeit und Verstecken versehenes
Gehege. Zusätzlich empfehlen sich eine Fläche mit Korkrinde für die Häutung und etwas erhöhte Ablagen aus einem Holzgitter,
ähnlich den Saunasitzflächen. Aus opti-
schen Gründen können einige Plastikpflan-
zen an unzugänglichen Stellen herabhän-
gen oder/und die Wandflächen mit Folien
beklebt sein, die beispielsweise Urwaldmo-
tive zeigen.

Der Tigerpython entwickelt wie die meisten groß werdenden Riesenschlangenarten
nach kurzer Zeit seine Vorlieben und Abnei-

Holzwand zur optionalen Unterteilung des Terrariums Foto: M. Drexl

Ablagefläche im Terrarium Foto: M. Drexl

Ein Wasserbecken, in das der Python ganz hineinpasst, ist ein Muss.
Foto: H. Bellosa

gungen. Dazu gehört auch eine deutliche Standorttreue, die er mit Hartnäckigkeit in allen Behältern zeigt. Gehen Sie als Pfleger auf diese Gewohnheit ein und versuchen Sie nicht, durch häufige Störungen den Python von Ihren eigenen Nutzungsideen des Terrariums zu „überzeugen". Ändern Sie notfalls die Anordnung zum Einstieg, die Liegeflächenhöhe oder die Lage des unbedingt nötigen, großen Badebeckens, wenn dies aus Sicherheitsaspekten nötig werden sollte.

Das Gutachten über die „Mindestanforderungen an die Haltung von Reptilien" (im Internet einzusehen unter http://www.bna-ev.de/bna_inhalt/gesetze/gutachten/reptilien_d.htm) empfiehlt für ein Pärchen Tigerpythons bis jeweils 2,5 m Länge ein Terrarium mit den Mindestmaßen 1,0 x 0,5 x 0,75, wobei diese Werte mit der Körperlänge des längeren Tiers zu multiplizieren sind. Für Exemplare über 2,5 m sollten Terrarien von 0,75 x 0,5 x 0,5, ebenfalls zu multiplizieren mit der Körperlänge, nicht unterschritten werden. Für jedes weitere Tier sind etwa 20 % des Terrarium-Volumens unter Beibehaltung der geforderten

Terrarienproportionen zuzugeben. Unabhängig vom Ergebnis der Maßberechnungen wird die Maximalhöhe der Schlangenterrarien auf 2,0 m begrenzt.

Für die Wachstumsphasen I bis V des Tigerpythons könnte der Plan eines erweiterbaren Terrariums verfolgt werden: Zunächst mit etwa 1 m³ Rauminhalt für die Phasen I und II (Maße: 150 x 70 x 100 cm; L x B x H), danach mit 3,5–4 m³ Rauminhalt für die Phasen III–V (Maße: 260 x 100 x 150 cm).

Erreicht der Tigerpython dann die Phase VI, ist ein zimmergroßes Terrarium mit 10 m³ oder mehr Rauminhalt sinnvoll. Dabei gilt für die Einrichtung das bereits Gesagte, mit einem wichtigen Zusatz: Schaffen Sie Abtrennmöglichkeiten für eine risikolose Begehung. Damit in Ruhe gereinigt, die Technik gewartet oder das Futtertier platziert werden kann, braucht man Raum ohne direkten Kontakt mit der fünf und mehr Meter langen Schlange!

Als Baumaterial der beiden kleineren Anlagen (für die Phasen I–V) eignen sich, wie oben schon angedeutet, beschichtete Pressspanplatten von 16

Blick in die Tigerpython-Anlage des Reptilienzoos Regensburg
Foto: K. Kunz
Brütendes Dunkles Tigerpythonweibchen im einfach eingerichteten Terrarium Foto: S. Trümper

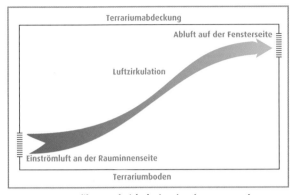

Grafik O: Luftzirkulation in einem Terrarium

bzw. 20 mm Stärke. Die Bodenplatten sollten 23 bzw. 25 mm stark sein, die Deckplatten 12 mm; dazu 20 x 20 bzw. 28 x 28 mm messende Vierkanthölzer für den Rahmen. Ein Gehäuse aus rostfreiem Metall ist haltbarer und pflegeleichter. Ebenso sind gemauerte Becken geeignet, bei denen die Wände allerdings abwaschbar sein müssen und Fenster im Winter oft ein Abdichtungsproblem darstellen. Ein Terrarium für die

Phasen I und II kann man auch im Handel erwerben, oft werden auch Terrarien in dieser Größe über Kleinanzeigen im Internet angeboten. Für die zweite Größe, Phasen III bis V, sind die Angebote wesentlich rarer, dennoch lohnt sich ein genaues Verfolgen der Kleinanzeigen. Nicht selten werden auch abschlagbare Anlagen angeboten – bei nicht allzu großer räumlicher Entfernung lassen sich meist Arrangements finden. Bei einem Tigerpython-Großterrarium muss in jedem Fall sehr genau auf die Platzierung der Belüftungsschlitze bzw. -gitter geachtet werden. Man sollte nämlich auf jeden Fall auf die Vermeidung von Zugluft achten – diese verträgt der Tigerpython überhaupt nicht (siehe Grafik O)!

Das Angebot unterschiedlicher Temperaturbereiche (kontrolliert und reguliert über Min./Max.-Thermometer sowie Thermostate) wird der Tigerpython wie alle Riesenschlangen gut nutzen, und man kann zur Kontrolle von außen ablesbare Thermometer in verschiedenen Höhen anbringen. Zur Beheizung/Beleuchtung verwendet man

Jungtiere gedeihen in kleineren Terrarien meist besser als in überdimensionierten. Hier ein Schlüpfling des Hellen Tigerpythons in einem mit Rindeneinstreu ausgestatteten Standardterrarium. Foto: H. Bellosa

Blockhütte als Terrarium für adulte Tigerpythons Foto: H. Bellosa

außerhalb der Reichweite der Tiere, am besten sogar außerhalb des Terrariums angebrachte Leuchtstoffröhren sowie Spots und eine Bodenheizung, die etwa ein Drittel des Bodens sowie einen erhöhten Liegeplatz auf rund 35 °C erwärmen, während im Rest des Beckens niedrigere Temperaturen herrschen. Der Tageshöchstwert sollte hier auch im Sommer 33 °C nicht überschreiten, die Nachttiefstwerte dürfen ganzjährig nicht unter 22 °C absinken. Im Sommer hat sich ein Tagestemperaturangebot von 28–32 °C bewährt, im Herbst senkt man die Temperaturen dann langsam auf 26–28 °C ab, die Nachttemperaturen können dabei um 4–6 °C tiefer liegen. Im März beginnt man mit der Temperatursteigerung und erreicht dann Ende April wieder 28–32 °C. Diesen Temperaturrhythmus sollte man immer mit einem

Wechsel der Gesamtfeuchte kombinieren, dies entspricht in etwa den natürlichen Bedingungen in vielen Verbreitungsarealen. Die relative Luftfeuchte sollte außerhalb der Ruhezeit tagsüber bei rund 75 % liegen, nachts steigt sie dann an. Man erreicht diese Feuchtewerte durch regelmäßiges Versprühen sehr warmen Wassers. Beim **Hellen Tigerpython** sollte eine Winter-Ruhepause bei 18–20 °C eingelegt werden, in der man die Tiere ohne besondere Beleuchtung (die ansonsten 12–14 Stunden in Betrieb sein sollte), also nur bei Raumlicht, ohne Fütterung und bei geringerer Luftfeuchte (50 % genügen) hält. Einige Züchter pflegen die Männchen beider Unterarten vor der Paarungsphase, also im Oktober/November, auch bei diesen niedrigeren Temperaturen, um die Paarungsbereitschaft zu steigern

Korkröhren sind beliebte Versteckmöglichkeiten für kleinere bis mittelgroße Exemplare. Foto: K. Kunz

(STOOPS & WRIGHT 1994; VOSJOLI 1991). Die mir vorliegenden Daten von Züchtern sind allerdings sehr uneinheitlich, was die Steigerung der Paarungsaktivitäten nach Temperaturabsenkung bei den Männchen betrifft. Etwa die Hälfte der deutschen Züchter, vor allem solche mit Farbzuchten, ist nach meinen Erfahrungen von der wichtigen Rolle der Temperaturzyklen überzeugt und verfährt nach dem genannten Rhythmus. In den USA werden regelrechte Zuchtpläne von Züchter zu Züchter weitergegeben und auch veröffentlicht (VOSJOLI 1991).

Für den Tigerpython muss immer eine große Bademöglichkeit vorhanden sein. Manche Exemplare liegen ausgesprochen gerne im lauwarmen Wasser, andere scheinen dagegen fast wasserscheu zu sein. Vor den Häutungen gehen jedoch die meisten Exemplare sehr ausgiebig ins Badebecken und bleiben dort mitunter bis zu eine Woche lang. Grundsätzlich braucht das Wasser nicht gesondert geheizt zu werden, bei ausreichender Wärme im gesamten Terrarium und guter Isolation gegenüber der Bodenplatte/dem Fußboden pendelt sich die Was-sertemperatur etwa 2–3 °C niedriger als die Terrarientemperatur ein.

Bewährt haben sich bis zu einer Länge der Schlange von 2 m Plastikwannen, größere Tiere passen in einen Duscheinsatz, der mit Ablauf versehen und gut zu reinigen ist. Bei der Verwendung von Gartenteichen aus Hartplastik müssen alle belasteten Horizontalteile abgestützt sein, da das enorme Gewicht adulter Tigerpythons (ab 40 kg Körpergewicht) sonst zu Rissen und Löchern führt. Gerade solche größeren Becken müssen regelmäßig gereinigt werden, da schnell ein farbloser Belag aus Kieselalgen entsteht und sich in der Schleimschicht Folgekulturen aus Algen und Bakterien ansiedeln.

Zum Bodengrund möchte ich keine generelle Empfehlung aussprechen, weil stets neben praktischen Gründen auch die „Überzeugung" eines Terrarianers, seine Erfahrungen, sein Zeitbudget für Pflegemaßnahmen und die Verfügbarkeit der verschiedenen Materialien hinzukommen. Ich persönlich habe mit Buchenspänen gute Erfahrungen gemacht, pflege allerdings viele andere Arten auf Zeitung oder Granulat und halte nichts von „natürlichem Untergrund" wie etwa Erdmischungen. Mehrere geeignete Versteckmöglichkeiten, für kleine Exemplare beispielsweise aus Korkrinde, bei sehr großen Tieren etwa gemauert, dürfen keinesfalls fehlen.

Es ist selbstverständliche Aufgabe jedes Tigerpythonhalters, einen täglichen Blick auf den Bodengrund seines Terrariums zu werfen und für die notwendige Hygiene zu sorgen – einen täglichen Wasserwechsel bei großen Becken, zumal wenn die Schlange nicht darin lag, halte ich aber für übertrieben. Kleinere Wassergefäße, die nur zum Trinken gedacht sind, werden dagegen täglich ausgespült und neu gefüllt.

Fütterung

Eine der besonders angenehmen Eigenschaften des Tigerpythons ist, dass er gut ans Futter geht. Oft werden Koseworte wie „Müllschlucker", „Fressmaschine" oder „Allesvernichter" gebraucht, meist mit Anerkennung und Stolz in der Stimme. Sehr selten wird von Spezialisierung auf eine Futtertierart berichtet oder von der Verweigerung von Totfutter. Im Scherz sage ich manchmal zu Freunden: „Die frisst auch Schnitzel und Würstchen" über mein derzeitiges 5-m-Weibchen.

Wenn die Futtertiere vitaminreich aufgezogen werden, ist eine zusätzliche Versorgung der Schlangen mit Vitaminen nicht nötig; außerhalb des Zuchtgeschehens oder extremer Fastenperioden kann auch auf Mineralstoffgaben verzichtet werden. Nach der Eiablage dagegen sollten über die Futtertie-

re zusätzliche Mineralstoffe und Vitamine verabreicht werden, am besten in Absprache mit einem erfahrenen Tierarzt, da dieser die Dosierung am genauesten ermitteln kann. Nach lang anhaltenden Fastenperioden, die auf Krankheiten zurückzuführen sind, kann ähnlich verfahren werden – allerdings mit einer wesentlich geringeren Futtertiermasse.

Den Tigerpython füttert man zunächst mit Mäusen oder Küken, nach einem halben Jahr mit Ratten oder Junghühnern, ab 3 m Länge eignen sich Meerschweinchen, Kaninchen, Hasen oder Masthühner als Futter. Die Herkunft der Futtertiere ist insofern wichtig, als eine kontinuierliche Lieferung bei guter Qualität über den Erfolg der Tigerpythonhaltung entscheidet.

Auf Milbenbefall vor allem bei Hasen und Kaninchen aus Freilandhaltung ist zu achten. Von der Verfütterung von Tauben (extreme Parasitenträger) ist generell abzura-

Fütterung eines Schlüpflings Foto: K. Hoppe

Ein junger Tigerpython erwürgt eine Maus Foto: B. Love/Blue Chameleon Ventures

ten, auch die Verfütterung von Freiland-Geflügel (Masthähnchen, Hausenten oder Hausgänse) bringt oft eine zusätzliche parasitäre Belastung mit sich. Dass die Fütterung stets nur einzeln erfolgen darf, ist bei einer derart gierigen Art wie dem Tigerpython selbstverständlich. Allenfalls könnten Jungtiere in einem großen Becken gemeinsam von der Pinzette gefüttert werden. Da aber ein unterschiedliches Schlingtempo wahrscheinlich ist, könnte es dann doch zu Übergriffen kommen, was man unbedingt vermeiden sollte.

Meiner Beobachtung nach lässt sich die optimale Futtertiergröße folgendermaßen angeben: Bei zu zwei Dritteln geöffnetem Maul sollte der Kopf des Futtertieres gut zwischen die Kiefer der Schlange passen. Der sich anschließende Schlingakt dauert dann zwischen 10 und 25 Minuten. Oft haben Schlangen mit kleineren Futtertieren – weil sie diese rückwärts oder seitwärts verschlingen – größere Probleme als mit angemessen großen Futtertieren, die genügend Masse zum „Dagegendrücken" und Festhalten liefern. In der Natur werden beim Schlingakt oft Steine, Blätter, Holzstückchen, Rinde oder Erde mit aufgenommen; viele Schlangenarten spielen sogar eine Rolle bei der Verbreitung von Samen und Früchten, natürlich über den Inhalt des Verdauungstraktes ihrer Beutetiere (ENGEL 1997), beim Tigerpython wurde aber auch über die Aufnahme von Mango-Früchten berichtet (MOOKERJEE 1946).

Man braucht sich also keine Gedanken darüber zu machen, wenn beim Schlingakt größerer Exemplare ausnahmsweise Buchenspäne (scharfkantige, große Stücke sollte man al-

Dieses Exemplar verschlingt eine Ratte Foto: B. Love/Blue Chameleon Ventures

lerdings vor dem Einbringen ins Terrarium von Hand aussortieren), Zeitungsreste oder kleine Steine mitverschluckt werden. Vermeiden sollte man dagegen die Aufnahme von Stängeln künstlicher Pflanzen, da diese oft aus plastikummanteltem Stahl oder Metalldraht bestehen, die die Verdauungsorgane von innen verletzen könnten.

Versuchen Sie auf keinen Fall bei einem adulten Tigerpython das Prinzip der Erhaltungsfütterung, wie es STÖCKL & STÖCKEL (2004) für *Boa constrictor* empfehlen: „ ... können Sie das Tier durch entsprechende Fütterung in dieser Größe und bei diesem Gewicht stagnieren lassen." Immer wieder treffe ich auf Fälle, bei denen Tigerpythons abgegeben werden sollen, die aggressiv und völlig unterernährt sind. Ein Fachverkäufer und langjähriger Pythonhalter berichtete

mir im März 2005 von einem 2,8 m langen Tigerpython, der bis dato nur mit Mäusen gefüttert worden war und deshalb eher wie eine große Natter aussah. Nach mehreren Fütterungen mit großen Ratten und dann Meerschweinchen wurde das Tier zunehmend ruhiger. Es entwickelte sich nach einiger Zeit zu einem fast normal proportionierten Exemplar und zeigte das arttypische Verhalten (A. BANNDORF, pers. Mittlg.).

Die Fütterung eines großen Pythons sollte gut geplant sein. Neben dem eigenen Risiko geht es auch um die Gesundheit der Schlange und um das geringstmögliche Leiden des Futtertieres. Ich persönlich plädiere für Totfütterung, weil damit die genannten drei Aspekte am besten unter einen Hut zu bringen sind. Sollte zur Fütterung eine Abtrennung notwendig sein, empfehle ich,

Grafik P: Kopfgröße im Verhältnis zur Futtertiergröße

steht eine Zwangsfütterung an: Keine einfache Sache bei einem Tier über 2,5 m Länge. Bei kleineren Exemplaren kann nach dem bekannten Verfahren vorgegangen werden: Die Schlange kommt in einen Sack, man fixiert ihren Körper zwischen den Beinen, hält mit einer Hand den Kopf seitlich fest und schiebt dem Python mit der zweiten Hand ein relativ kleines Futtertier, eventuell sogar durch Wasser gleitfähig gemacht, langsam ins Maul. Schließlich drückt man das Futter mit einem Schieber aus Plastik weiter den Schlund hinab. Größere Tigerpythons dagegen sollten Sie ausschließlich in Absprache mit einem Tierarzt und mehreren Helfern zwangsfüttern!

Schlüpflinge oder größere Tiere, die nicht ans Futter gehen, sollten einzeln gehalten werden, um sie besser überwachen zu können und Probleme mit futterneidischen Artgenossen aus dem Weg zu gehen.

In ländlichen Gegenden bereitet die Besorgung größerer Futtertiere meist keine Mühe, da Kleintierzüchter Hasen, Kaninchen oder Geflügel in ausreichend großer Zahl abgeben – bei Geflügel ist dabei immer die oben erwähnte oft höhere parasitäre Belastung zu bedenken. Falls kein Züchter in der Nähe wohnt, könnte auf Versand zurückgegriffen oder Ausschau nach einem Kleintiermarkt gehalten werden. Solche Märkte werden in Kreisstädten oder Marktflecken alle zwei oder vier Wochen abgehalten. Manchmal geben auch Bauern Tiere ab, wobei dabei die Diplomatie des Schlangenhalters gefragt ist. Eventuell kann man mit einem Tierhändler auch eine Abmachung treffen und seine unverkäuflichen älteren Zwergkaninchen bzw. Meerschweinchen abnehmen.

Eine eigene Zucht von Mäusen und Ratten lohnt sich nur bei einem größeren Schlangenbestand.

diese bereits ein, zwei Tage im Vorfeld vorzunehmen, sodass es nicht zu Beißereien kommt. Als sehr günstig hat es sich erwiesen, wenn mehrere Zugänge zum Terrarium des Tigerpythons vorhanden sind, sodass er bei Witterung des Futtertiergeruchs dem Halter nicht den Zugang versperren kann. Bei Tieren über 3 m Länge empfiehlt es sich, das Futtertier in den abgetrennten Teil des Terrariums zu legen und die Abtrennung danach von außen zu öffnen. Kleinere Tigerpythons können mit Holzabtrennungen, die man nur zur Fütterung ins Terrarium einsetzt, sicher und gefahrlos gefüttert werden. Bei der Haltung eines Pärchens kleinerer Exemplare in einem Terrarium kann mit Hilfe mehrfacher Abtrennungen auch parallel gefüttert werden. Danach sollte man das Pärchen ausreichend mit warmem Wasser absprühen, um den Beutegeruch von den Körpern der Schlangen zu spülen, sonst kann es zu Beißereien kommen – Tigerpythons sind halt gar zu gierige Fresser!

Geht ein Tigerpython aber doch einmal nicht selbstständig ans Futter, und ist auch die großzügig zu bemessende Wartezeit danach (mindestens vier Wochen mit weiteren Fütterungsversuchen) ausgeschöpft, dann

Futtermenge

Eine der meistdiskutierten Fragen ist die nach dem richtigen Maß zur Fütterung des Tigerpythons. HINGLEY (1987) berichtet von einem Schlüpfling des Dunklen Tigerpythons, der ständig und immer Mäuse annahm, wie viele man ihm auch vorhielt. Untersuchungen haben gezeigt, dass große Schlangenarten bis zu 400 % ihres Nahrungsbedarfs, bezogen auf eine durchschnittliche Frequenz von Futteraufnahmen, mit einer Mahlzeit aufnehmen können (CASC 1994). Bei Weibchen des Dunklen Tigerpythons bis 4 m Länge und Männchen bis 3,5 m wird die Nahrung vor allem zum Aufbau von Muskulatur, sonstigem Organgewebe und Haut bzw. Schuppen genutzt. Danach beginnt verstärkt der Umbau in Fettgewebe zwischen Haut und Muskulatur bzw. in den Organen – vor allem Niere, Leber und verschiedenen weiteren Drüsen (ROSS & MARZEC 1994).

Ein Halter, dem die Gesundheit seiner Tiere wichtiger als ihre Größe ist, wird dementsprechend auf das nachlassende Längenwachstum achten und dann sparsamer füttern. Bei semiadulten Tieren sollte die Futtermasse zur Körpermasse in einem Verhältnis von 1 : 15 bis 1 : 10 pro Fütterung stehen. Also sollte ein 3-m-Tigerpython mit 17 kg Körpermasse zwei mittlere Meerschweinchen oder einen Zwerghasen gefüttert bekommen. Stehen nur Ratten zur Verfügung, so sollten im vorliegenden Fall 5–6 größere Ratten (300 g) angeboten werden. Rechnet man solch eine Fütterung auf das gesamte Jahr hoch, so ergibt sich eine Gesamtfuttermasse von 25–30 kg. Adulte Schlangen kommen mit deutlich weniger Futtermasse bezogen auf ihre Körpermasse aus, etwa 1 : 15 bis 1 : 25 pro Fütterung. Einem 5-m-Tigerpython mit 60 kg Gewicht gibt man zwei Hasen pro Mahlzeit, sodass auf das Jahr bezogen eine Futtermasse von 40–50 kg erreicht wird.

Großen Exemplaren kann man Futtertiere in Hühner- und Hasengröße anbieten. Foto: H. Bellosa

Länge der Schlange im m	Körpermasse der Schlange in kg	Futtermasse pro Fütterung	Jahresfuttermasse
1	0,5–1	80–150 g	3–4,5 kg
2	4,5–6	450–700 g	12–18 kg
3	15–18	1,4–1,7 kg	25–30 kg
4	36–43	2,5–3,2 kg	35–45 kg
5	56–65	3,0–4,0 kg	40–60 kg
6	85–100	4,5–8,0 kg	55–80 kg

Fütterungsdaten für den Dunklen Tigerpython (vom Autor gesammelt)

Fütterungsfrequenz

Da in der Natur die Futteraufnahme sehr unregelmäßig erfolgt, braucht auch im Terrarium kein allzu strenger Fütterungsrhythmus eingehalten zu werden. Als Faustregel können Tiere mit 1 m Länge alle zehn Tage, mit 1,5 m Länge alle 14 Tage und Exemplare von 2–3 m Länge alle drei Wochen gefüttert werden. Adulte Tiere von 4 m Länge und mehr sollten alle 4–5 Wochen mit Nahrung versorgt werden, wobei im Frühjahr die Abstände kürzer und gegen Herbst bzw. Winter länger sein dürfen. Fütterungen während der Häutungsphasen sollten unterbleiben. Kommt nämlich die Verdauung während der Häutungsphase zum Stillstand, kann über den Blutkreislauf eine Verbreitung der Toxine erfolgen, und viele Organe der Riesenschlange werden dann in Mitleidenschaft gezogen. Oft wird dann das Immunsystem geschwächt, und Infektionen führen zu Nierenversagen.

Eine regelmäßige Aufzeichnung der Futteraufnahme, des Abkotens, der Harnsäure-Abgabe (im Kot als weiße Bestandteile zu erkennen) und der Häutung ist unerlässlich, um über die Entwicklung, eventuelle Unregelmäßigkeiten oder frühe Krankheitsanzeichen informiert zu sein.

Ganz allgemein ist eine genaue Beobachtung des Kotes eine wichtige Maßnahme zur Prävention ernsterer gesundheitlicher Probleme jedweder Schlange. Beim Tigerpython sollte der Kotballen recht trocken, dunkelbraun bis schwärzlich, fest und relativ wenig riechend sein. Oft sind hellere Faserteile von langfelligen Beutetieren dabei; keinesfalls darf der Kot aber breiig, aschgrau, schleimig und bittersüßlich stinkend sein.

Viele Futtertiere kann man gefrostet beziehen, sodass jederzeit ein Vorrat zur Verfügung steht.
Foto: K Kunz

Fastenperioden

So sollte der Kot eines Tigerpythons aussehen.
Foto: H. Bellosa

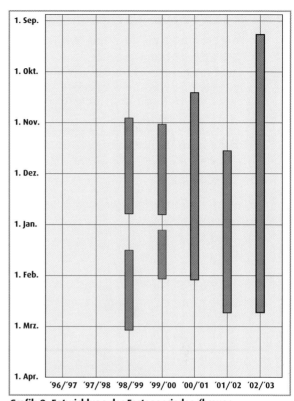

Grafik Q: Entwicklung der Fastenperioden (braune Balken) bei einem männlichen Tigerpython von 1996 bis 2003

Geschlechtsreife Tigerpython-Männchen legen eine winterliche Fastenperiode ein, Weibchen zeigen in dieser Phase auch deutlich weniger Appetit als in den Frühjahrsmonaten; dementsprechend können sie auch in größeren Abständen gefüttert werden. Bei den semiadulten Männchen deutet sich die Fastenperiode schrittweise an, verlängert sich von Jahr zu Jahr, um schließlich bei den Adulti von September bis März, teilweise sogar bis April zu dauern.

Zu beachten ist dabei, dass die Tiere bei gutem Ernährungszustand bleiben und nicht einfallen sowie keinesfalls Hungerfalten entwickeln dürfen. Meist nehmen sie nur 1–3 kg Körpermasse ab und gehen dann problemlos wieder ans Futter. Gelegentlich wurde mir berichtet, dass die Futteraufnahme Schwierigkeiten bereitete bzw. dass das Männchen nicht zur Futteraufnahme zu bewegen war (R. LETSCHE, M. LAKAA, pers. Mittlg.). Haben Sie Geduld: Ein Tier, das regelmäßig fraß, geht auch wieder ans Futter, wenn keine schwerwiegende Erkrankung vorliegt! Variieren sie die Futtertiergröße, legen sie mehrere tote Ratten nacheinander aus, lenken sie das Tier danach nicht durch zu viele Aktivitäten ab und geben Sie ihm Zeit. Falls diese Ratschläge nicht zum Erfolg führen, ist das Tier wahrscheinlich krank, und Sie müssen es einem mit Reptilien erfahrenen Tierarzt vorstellen. Über Fastenperioden im Zusammenhang mit der Trächtigkeit berichte ich im entsprechenden Kapitel.

Gesetzliche Bestimmungen

Wie ein Mensch bei der Begegnung mit einer Schlange reagiert, ist schwer vorhersagbar: ruhig, gelassen, interessiert, neugierig, erschrocken, ängstlich, angeekelt, sich verteidigend, panisch, hysterisch, aggressiv – alle Reaktionen sind denkbar. Von 1996–2006 habe ich über 850 Personen aller Altersgruppen Schlangen vorgeführt oder sie mit Schlangen in einem Raum zusammengebracht. Von diesen zeigten lediglich drei Personen, nämlich zwei Jugendliche mit zwölf und sechzehn Jahren sowie ein Mann

von 50 Jahren, physische Angstsymptome: Schweißausbruch, Zittern, blasse Haut, unsteter Blick und Fluchttendenz. Obwohl in diesem Beobachtungszeitraum also nur 0,35 % der Gesamtpersonenzahl tatsächlich Angst hatten, ist die Zahl derjenigen, die Schlangenhaltung in unmittelbarer Nachbarschaft, also etwa im selben Haus, ablehnen, wesentlich höher. Da aber bei der Haltung „gefährlicher Tiere", also bei Tieren, deren Haltung je nach Bundesland einer besonderen Genehmigung bedarf, sowohl der Vermieter bzw. der Hausverwalter als auch die Mitbewohner bzw. die Miteigentümer einverstan-

Bei Erwerb und Haltung von Tigerpythons sind diverse rechtliche Vorgaben zu beachten. Foto: K. Kunz

den sein müssen, kann es durchaus zu gerichtlichen Auseinandersetzungen kommen. Stets wird dann der Hinweis gebracht, dass weniger groß werdende Schlangen, die nicht in diese Kategorie fallen, in beiderseitigem Interesse vorzuziehen seien. Überhaupt keine Chance zur Haltung groß werdender Schlangen hat derjenige Halter, der sie in einer von allen Parteien benutzten Keller- bzw. Hobbyraum-Etage unterbringen will. Damit es erst gar nicht zu Problemen kommt, möchte ich ausdrücklich jeden Halter des Tigerpythons dazu auffordern, die gesetzlichen Bestimmungen einzuhalten. Klären Sie auch mit Ihrer Haftpflichtversicherung, ob der Versicherungsschutz bei Personenschäden unter dem Gesichtspunkt der Haltung „gefährlicher Tiere" gewährleistet ist oder gesonderte Bedingungen gelten. Neuere Erfahrungen zeigen, dass nur bei vorheriger Klärung mit dem Versicherungsträger im Ernstfall auch eine Haftung eintritt.

In den letzten Jahren haben sich die Regelungen zur Haltung von Schlangen in den verschiedenen Bundesländern sehr unterschiedlich entwickelt. Selbst innerhalb eines Bundeslandes werden die Richtlinien unterschiedlich ausgelegt: Mir sind Fälle bekannt, in denen in direkt angrenzenden Verwaltungsbezirken einmal die Genehmigung erteilt, im anderen Fall verweigert wurde.

Aus verschiedenen Gründen ist die Haltung exotischer Tiere in ein schwieriges Fahrwasser geraten. Viele Halter haben ein Übriges dazu getan, die vielfach kolportierten Vorurteile zu bestätigen. Verzichten Sie in jedem Fall auch wirklich auf die Haltung des Tigerpythons, falls die Genehmigung nicht erteilt wird.

In acht deutschen Bundesländern gelten spezielle Regelungen (vgl. BINDER & LAMP, im Druck), das so genannte Gefahrenabwehrrecht. Als sehr groß werdende Riesenschlange unterliegt auch der Tigerpython dieser juristisch recht undifferenzierten Regelung.

Bayern: Schlangen ab 3 m Länge gelten hier als gefährlich, sodass Sie wegen der Haltung von Tigerpythons Kontakt mit dem zuständigen Amt aufnehmen müssen.

Berlin: In der Verordnung „gefährlicher Tiere wild lebender Arten" ist die Haltung sämtlicher Riesenschlangen grundsätzlich untersagt. Zur Erteilung einer behördlichen Ausnahmegenehmigung müssen Sie Ihre Zuverlässigkeit sowie die artgerechte Unterbringungsmöglichkeit des Tigerpythons nachweisen. Obwohl die Genehmigung erfahrungsgemäß unbürokratisch vergeben wird, ist zu bedenken, dass die Erlaubnis unter dem Vorbehalt des jederzeitigen Widerrufs steht.

Bremen: Die Haltung aller Riesenschlangen ist verboten. Zur Erlangung einer Ausnahmegenehmigung müssen Sie eine ausbruchsichere Unterbringung des Tigerpythons nachweisen sowie gewährleisten können, dass die tier- und artenschutzrechtlichen Bestimmungen eingehalten werden. Außerdem wird ein Sachkundenachweis verlangt, beispielsweise durch Abnahme des Sachkundenachweises für Terrarianer von DGHT und VDA (siehe www.sachkundenachweis.de).

Mecklenburg-Vorpommern: Es existiert ein Passus im Naturschutzrecht, der die Haltung „fremder wild lebender Arten, die Menschen lebensgefährlich werden können, insbesondere von Krokodilen, Riesen- und Giftschlangen" betrifft. Wenden Sie sich daher an das für Sie zuständige Amt.

Niedersachsen und Sachsen-Anhalt: Diese Bundesländer haben eine „Verordnung über das Halten gefährlicher Tiere", in der allerdings nur giftige Tiere und Panzerechsen aufgeführt sind. Dennoch sollten Sie sich vor der Anschaffung eines Tigerpythons beim zuständigen Amt erkundigen.

Saarland: Auch hier existiert eine Verordnung über das Halten gefährlicher Tiere, in der allerdings auch Pythons erwähnt sind. Sie sollten daher unbedingt Kontakt mit dem zuständigen Amt aufnehmen.

Schleswig-Holstein: Hier gilt ein Verbot der „Haltung von Tieren wild lebender Arten, die Menschen in freier Wildbahn durch Körperkraft, Gifte oder ihr Verhalten gefährlich werden können, insbesondere von Krokodilen und Giftschlangen". Wenn hier auch Riesenschlangen nicht erwähnt sind, sollten Sie vor der Anschaffung von Tigerpythons sicherheitshalber beim zuständigen Ordnungsamt nachfragen.

Generell ist anzuraten: Erkundigen Sie sich schon vor dem Kauf eines Tigerpythons bei Ihrem Ordnungsamt, ob die Haltung genehmigungspflichtig ist. Ansonsten kann es aufgrund einer Ordnungswidrigkeit zu Bußgeldverhängung kommen. Außerdem haften Sie als Halter, wenn Ihr Tigerpython ausbrechen und Schäden irgendwelcher Art verursachen sollte, wobei Ihnen im Rahmen der „Gefährdungshaftung" sämtliche Vermögens- und Personenschäden zur Last gelegt werden. Diese Regelung gilt in allen Bundesländern, ob es nun eine Regelung über „gefährliche Tiere" gibt oder nicht.

Darüber hinaus ist die Pflege von Riesenschlangen ohne die ausdrückliche Genehmigung des Vermieters meist nicht zulässig, sodass Sie eine entsprechende Klausel in den Mietvertrag aufnehmen sollten.

Bei der Haltung von Tigerpythons gilt in artenschutzrechtlicher Hinsicht:

(1) Handelt es sich um einen Dunklen Tigerpython oder eine seiner Farbformen (Albino-, Grüner, Granit-, Labyrinth-Tigerpython usw.), so gilt: Als Anhang-B-Art der europäischen Artenschutzverordnung darf *Python molurus bivittatus*

ohne spezielle Genehmigung gehalten werden. Jedoch besteht die Pflicht, das Tier bei der zuständigen Landesbehörde anzumelden.

Auch Bestandsveränderungen, beispielsweise Zugänge oder Abgänge, müssen Sie umgehend melden. Die zuständige Landesbehörde kann darüber hinaus verlangen, dass Sie den legalen Erwerb des Tiers nachweisen, weshalb sämtliche Belege über den Erwerb aufgehoben werden müssen: Ein-

fuhrdokumente, Vorlagebescheinigungen, behördliche Meldebestätigungen und CITES-Bescheinigungen können als Nachweis dienen, ebenso Bescheinigungen des Züchters/Verkäufers.

Auch Farb- und Zeichnungsformen des Tigerpythons, wie dieses gestreifte Exemplar, unterliegen internationalen Artenschutzverordnungen.
Foto: B. Love/Blue Chameleon Ventures

Diese Bescheinigungen wie generell Kauf-, Schenkungs- oder Tauschbelege sollten enthalten:

- deutscher und wissenschaftlicher Artname
- Geburtsdatum
- Geschlecht des Tieres (wenn erkennbar)
- Name und Anschrift des Züchters
- Angaben zu den Aufzeichnungsdokumenten beim Züchter („Zuchtbuch")
- Angaben zu den Elterntieren
- Bei Importtieren: Hinweise zur Einfuhrgenehmigung wie Genehmigungsnummer, Datum der Einfuhr und Ursprungsland des Tieres

Wenn Sie *Python molurus bivittatus* importieren oder exportieren möchten, gelten besondere Bestimmungen, die Sie bei den zuständigen Behörden erfragen können.

(2) Der Helle Tigerpython (*Python molurus molurus*) steht als Anhang-A-Art der europäischen Artenschutzverordnung unter dem höchsten Schutzstatus, darf also nicht ohne Genehmigung gehalten oder ohne Genehmigung der zuständigen Landesbehörde an einen anderen Standort verbracht werden. Darüber hinaus besteht für Wildexemplare ein Schaustellungs- und Vermarktungsverbot.

Bei Nachzuchten ist eine Aufhebung des Vermarktungsverbotes durch die zuständige Landesbehörde möglich, dazu muss eine so genannte „Züchterbescheinigung" beantragt werden. Mit dieser Genehmigung können Nachzuchten ohne weitere behördliche Genehmigung vom Besitzer innerhalb der

Die legale Herkunft gehaltener Exemplare muss jederzeit nachweisbar sein. Foto: B. Love/Blue

EU gehandelt werden. Bei Besitz oder Erwerb Heller Tigerpythons sollten Sie auf folgende Punkte achten:

· Die Tiere dürfen nur mit Genehmigung gehalten werden, also Einfuhrgenehmigung/Befreiung vom Vermarktungsverbot. Für vor Inkrafttreten der EU-Artenschutzverordnung bereits vorhandene Tiere gilt die Bescheinigung über den legalen Erwerb oder die legale Einfuhr.
· Melden Sie das Tier unverzüglich nach Erwerb unter Vorlage der Genehmigung bei der zuständigen Landesbehörde an, bewahren Sie sämtliche behördlichen Dokumente sowie Kauf-, Tausch- oder Schenkungsbelege als Nachweis auf.
· Bestandsveränderungen wie Schlupf, Tod, genehmigte Veräußerungen, aber auch Standortwechsel der Tiere z. B. wegen Umzugs müssen sofort schriftlich der zuständigen Landesbehörde angezeigt werden.
· Vor einem Transport von Wildexemplaren, für die ein Haltungsort festgelegt wurde, muss beim Bundesamt für Naturschutz eine Genehmigung eingeholt werden, außer bei Besuchen beim Veterinär, wenn das Tier danach wieder an den festgelegten Standort zurückgebracht wird.
· Wenn Sie Exemplare von *Python molurus molurus* importieren oder exportieren möchten, gelten besondere Bestimmungen, die bei der zuständigen Behörde zu erfragen sind.
· Exemplare bis 200 g müssen per Dokumentation – bevorzugt mittels geeigneter Fotografie –, Exemplare über 200 g per Mikrochip (Transponder) gekennzeichnet werden. Sie dürfen nur die artenschutzrechtlich zugelassenen Transponder benutzen, die durch den Bundesverband für fachgerechten Natur- und Artenschutz (BNA) sowie den Zentralverband Zoologischer Fachbetriebe (ZZF) ausgegeben werden (siehe jeweils unter „Adressen"). Den Transponder darf nur der Tierarzt einsetzen. Gegenwärtig wird an neuen Kennzeichnungsmethoden gearbeitet.

(3) Bei Unterartbastarden verfährt die Naturschutzbehörde nach (2).

Zuständige Landesbehörden

In den Bundesländern sind folgende Behörden für die Umsetzung der Bundesartenschutzverordnung zuständig:
Baden-Württemberg, Hessen, Sachsen: Regierungspräsidien
Nordrhein-Westfalen: Untere Landschaftsbehörden der Kreise und kreisfreien Städte
Rheinland-Pfalz: Untere Landespflegebehörden der Kreise und kreisfreien Städte
Bayern, Brandenburg, Mecklenburg-Vorpommern, Saarland, Sachsen-Anhalt, Schleswig-Holstein: Untere Naturschutzbehörden der Kreise und kreisfreien Städte
Niedersachsen: Landesamt für Ökologie
Thüringen: Obere Naturschutzbehörden
Berlin: Bezirksämter
Bremen: Untere Naturschutzbehörden
Hamburg: Umweltbehörde (Naturschutzamt)

Die Naturschutzbehörde kann einen Veterinär beauftragen, die artgerechte Haltung auch dann zu überprüfen, wenn keine Haltungsgenehmigung eingeholt zu werden braucht. Dabei werden meist die Größe des Terrariums, die Sicherheit der Unterbringung und die Abgeschlossenheit gegenüber den Mitbewohnern sowie die Papiere überprüft. Hinzu kommen folgende Aspekte: Bodengrund, Einrichtung des Terrariums, ablesbare Thermo- und Hygrometer, Fütterungsverfahren.

(4) Haltungsgenehmigung bei der Stadt- bzw. **Gemeindeverwaltung:** Der Halter braucht in einigen Bundesländern eine Haltungsgenehmigung (siehe „Gesetzliche Bestimmungen"). Diese ist unter unterschiedlichen Auflagen zu bekommen, meist muss dafür ein Antrag gestellt werden. In vielen baye-

Bewahren Sie nach dem Erwerb eines Tigerpythons die erforderlichen Dokumente unbedingt auf, um Ihrer Nachweispflicht nachkommen zu können.
Foto: W. Grossmann

Erkundingen Sie sich rechtzeitig nach den jeweiligen Bestimmungen für die Haltung von Tigerpythons in Ihrem Wohnort. Foto: B. Love/Blue Chameleon Ventures

rischen Städten und Marktgemeinden beispielsweise gibt es Formblätter zum Antrag auf Haltungsgenehmigung, dieser kann aber auch formlos erfolgen. Da die Zahl der Genehmigungskriterien in Bayern sehr hoch ist, würde ich einen Antrag auf Formblättern empfehlen. Sie ersparen sich sehr viel Zeit und Ärger!

Alle Nachzuchten brauchen gültige Papiere (s. o.), und niemand sollte im eigenen Interesse und dem anderer Halter eine Schlange ohne entsprechende Papiere kaufen. Bei Zuwiderhandlung können saftige Geldstrafen auf den Halter zukommen, außerdem werden die Tiere beschlagnahmt. Bei Nachzuchten wird ein Zuchtbuch angelegt, jedes Tier mit Verkaufsdaten registriert und der Behörde gemeldet. Meist gibt es dazu entsprechende Formblätter.

Der Tigerpython fällt unter das **Washingtoner Artenschutzabkommen** (Abkürzung: WA), das den internationalen Handel mit gefährdeten Tier- und Pflanzenarten regelt. Die EU-Artenschutzverordnung ist die Umsetzung des WA auf europäischer Ebene, und hier ist *Python molurus bivittatus* (Dunkler Tigerpython) im Anhang B aufgeführt (EG-Verordnung 33B/97; seit dem 01.06.1997 entfällt die bis dahin geltende CITES-Bescheinigungspflicht), *Python molurus molurus* (Heller Tigerpython, einschl. der Tiere aus Sri Lanka) dagegen in Anhang A. Bastarde aus den Unterarten werden auch über den Anhang A erfasst.

Unfälle und Risiken

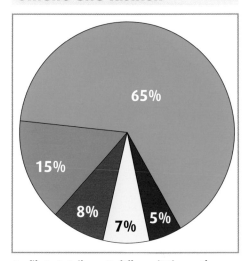

Grafik R: Anteile an Unfällen mit Tigerpythons
Hellblau: Gerüche aus dem Beutespektrum;
Dunkelblau: Ungeklärte Fälle; Gelb: Gesteigerter
Hunger wegen zu geringer Futtermenge;
Rot: Ungewohnte/plötzliche Störungen im Lebensbereich; Grün: Missachtung einer Stresssituation für die Schlange

Die meisten Halter der „Big Four" (Netz-, Felsen- und Tigerpython, Große Anakonda) oder auch anderer Riesenschlangenarten haben nach einer Anzahl von Jahren Erfahrungen mit dem Gebiss und der Würgekraft ihrer Terrarienbewohner gemacht. Und weil die wenigsten Terrarianer das Glück hatten, direkt mit und unter Schlangen aufzuwachsen, wie die uns aus dem TV bekannten Australier Rob Bredle oder Steve Irwin, sind Unfälle zunächst ein Schock (IRWIN & IRWIN 2002). Ist dieses Erlebnis erst einmal als „emotionales Beben" abgeklungen, und gehen wir daran, den Hergang und die Folgen zu analysieren, dann haben wir gute Chancen, weitere Unfälle zu vermeiden.

Bei der Auswertung von etwa 200 Unfallberichten im Zusammenhang mit Riesenschlangen ab 2 m Länge, die ich aus Medien, Büchern, persönlichen Mitteilungen und Tagungen über 25 Jahre lang gesammelt

habe, ergab sich eine Verteilung der Unfallarten wie in Grafik R dargestellt.

Von diesen Unfällen verliefen 85 % relativ glimpflich, sodass nur der Schreck, eine kleine Narbe oder die zerbrochene Brille zurückblieben. Wenn man allerdings berücksichtigt, dass selten wirklich große Tigerpythons gehalten werden, verändert sich die Einschätzung. Die Grafik zeigt auch, dass 95 % der Unfälle aus Fehlern oder Fehleinschätzungen des Halters resultierten und damit vermeidbar gewesen wären! Ein Restrisiko bleibt, und jeder Halter zumindest von Riesenschlangen jenseits der 4-m-Marke sollte sich bei jeder Begegnung mit seinem Tier vor Augen halten: Diese Schlange könnte mich töten!

Eine besondere Beziehung: Frau Casminá mit ihrem adulten Tigerpythonmännchen „Pupsi"
Foto: J. Casminá

Welche Unfälle kommen vor?

Bisse in die Hand, das Handgelenk, den Unter- bzw. den Oberarm sowie in die Schulter sind häufig; wesentlich seltener sind Verletzungen an Gesicht, Hals, Brust oder Bauch. Falls der Schlangenraum oder das Terrarium begehbar sind, kommen natürlich auch Bisse in Füße oder Beine dazu. Grundsätzlich zeigt der Tigerpython glücklicherweise deutlich seltener als Netzpythons die Neigung, nach dem Biss auch zu würgen.

In der nachfolgenden Tabelle sind die Ursachen für Bisse erfasst:

Typisierung beißender Tigerpythons

Typ A Angstbeißer:	Der Python beißt aus Angst zu, weil er in ungewohnter Umgebung ist/zu viele Hände nach ihm fassen/plötzliche Lichtveränderungen ihn blenden oder seine Orientierung gestört ist.
Typ B Abwehrbeißer:	Der Python verteidigt sein Territorium, seine Abwehrsignale (Fauchen, „Boxen") wurden missachtet, und seine Gereiztheit entlädt sich.
Typ C Fressbeißer:	Der Python verwechselt den Arm, die Hand oder ein Gerät mit Futter.

Lässt der Tigerpython nach dem Biss nicht von selbst los, werden „altbewährte Maßnahmen" ergriffen, ihn zum Loslassen zu bringen:

(1) Übergießen des Kopfes mit Alkohol in Form z. B. von Spirituosen

(2) Einsatz scharf riechender Kosmetika, Nagellackentferner, Haarmittel oder sonstiger Lösungsmittel enthaltender Haushaltsflüssigkeiten

(3) Den Arm mit der Schlange in relativ warmes Wasser tauchen (obwohl dies oft empfohlen wird, sind die Verfahren (1) und (2) erfolgversprechender!)

Jungtiere des Tigerpythons können noch unbedenklich in die Hand genommen werden, auch wenn sie als Schlüpflinge oft noch etwas bissig sind. Foto: B. Love/Blue Chameleon Ventures

Bei all diesen Maßnahmen ist aber die Gesundheit des Gebissenen vorrangig im Auge zu behalten. Manchmal hilft nur noch Geistesgegenwart: Herr G. wurde von einem großen Tigerpython-Weibchen im Gesicht gepackt, sodass sein Unterkiefer, der Mund, die Nase und die Wange im Maul der Schlange steckten, sein Brustkorb war von dem Tier umwickelt, und er fühlte sich wie im Schraubstock. Jede Bewegung hätte aufgerissene Wangen, Zerfetzung von Unterkiefer und Kinn oder gar den Tod durch Verletzung der Halsschlagader zur Folge haben können. Andererseits war sein Brustkorb durch die Schlingen schon so stark zusammengepresst, dass die Zeit zur Gegenwehr knapp wurde. Nur ein rettender Gedanke des erfahrenen Terrarianers brachte die Rettung: Er stieß mit zwei Fingern seitlich ins offene Maul des Pythons, und dieser ließ los.

Bei zwei anderen Unfällen, bei denen sich die Tiere jeweils in den Schultern festgebissen hatten, halfen nur noch Metallstangen bzw. eine große Rohrzange, um die Kiefer der Tiere zu öffnen.

Welche Regeln lassen sich aus diesen Erfahrungen ableiten? Auf Folgendes sollte man immer achten:

Habe ich den Kopf der Schlange stets im Blickfeld? Bin ich selbst ruhig, bewege ich mich wie gewohnt, habe ich dem Tier klar gemacht, dass es sich bei der Pflegemaßnahme um keine Fütterung handelt? Sind keine neuen Gerüche während der Annäherungsphase vorhanden, also auch keine Zuschauer zu nah? Stimmt meine Distanz zur Schlange? Zwar hat der Tigerpython prozentual eine geringere Reichweite als Netz- oder Felsenpython, aber eigene Messungen ergaben für ein 3-m-Tier etwa 70 bis max. 80 cm, bei einem 4-m-Exemplar über 1 m!

Ist der Python entspannt, sein Schwanz ruhig, sein Hals gerade und seine Atmung regelmäßig?

Manchmal sind dringende Arbeiten zu erledigen, und ein günstiger Moment kann nicht abgewartet werden. Trotzdem sollten folgende Überlegungen angestellt werden:

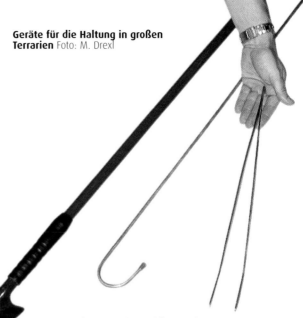

Geräte für die Haltung in großen Terrarien Foto: M. Drexl

Gibt es eine Alternative zur Durchführung dieser Störung? Welche Rückzugsmöglichkeiten hat die Schlange? Wie kann ich schnellstmöglich ausweichen? Wie lange dauert die Störung?

Nehmen Sie bei einer Schlange über 2 m Länge lieber einen Freund zu Hilfe – auch wenn der sich dann meist langweilen wird, weil das Tier ruhig bleibt. Bei Tieren über 4 m sind mehrere Helfer immer dann angeraten, wenn größere Eingriffe in den Lebensbereich erfolgen sollen. Lassen sie die Helfer nur den Rumpf der Schlange halten und nehmen Sie selbst Kopf und Hals – keinen Würgegriff hinter dem Kopf, sonst werden selbst ganz verlässliche Schlangen manchmal ängstlich und schließlich aggressiv.

Tauschen Sie Ihre Erfahrungen mit möglichst vielen Haltern derselben Riesenschlangenart aus! In der gegenseitigen Hilfestellung aufgrund ehrlicher Erfahrungsberichte kann schon im Vorfeld großer Schaden vermieden werden, und ich würde mich sehr freuen, weitere Erlebnisse und ihre Verarbeitung von den Lesern in meinem Gästebuch unter www.henrybellosa.de zu finden.

Krankheiten und Parasiten

Obwohl der Tigerpython eine recht robuste und nicht auf sehr genau einzuhaltende Klima-, Boden- und Nahrungsbedingungen spezialisierte Riesenschlangenart ist, bleibt er von Krankheiten im Terrarium nicht verschont. Auch wenn der Halter „alles richtig gemacht" hat, können Parasiten durch Futtertiere eingeschleppt werden, Unfälle bei der Fütterung passieren oder Komplikationen im Rahmen der Trächtigkeit auftreten. Wenn es dazu kommt, ist das an sich keine Katastrophe, es aber zu übersehen, wäre ein schuldhaftes Versäumnis des Halters. Inzwischen wurde ausreichend Spezialliteratur zum Thema Schlangenkrankheiten veröffentlicht (ACKERMANN 1999; HACKBARTH 1992; JAROFKE & LANGE 1993; KÖHLER 1996; KÖLLE 2002; RUNDQUIST 1996), und auch die Zahl der Tierärzte/innen mit Fachkenntnissen in Reptilienkrankheiten hat sich flächendeckend erhöht. Weiterhin können die Fachabteilungen der DGHT Hilfe vermitteln. Trotzdem kommt es auch bei Exemplaren erfahrener Halter von Tigerpythons immer wieder zu plötzlichen Todesfällen und zu spät erkannten Krankheiten. Dies rührt daher, dass der Tigerpython oft noch in der Endphase einer Krankheit ans Futter geht,

Tigerpythons sind bei artgerechter Haltung wenig krankheitsanfällig. Foto: H. - D. Philippen

seine gewöhnlichen Häutungen vollzieht und ein „normales" Verhalten mit Züngeln zeigt. Ein verantwortungsbewusster Halter muss daher eine genaue Kontrolle der Augen, des Mundraumes (z. B. beim Schlingakt gut zu beobachten), der Bauchschuppen, der Kloake und des allgemeinen Muskeltonus vornehmen. Wichtig ist in diesem Zusammenhang auch die Organisation der Pflege während des eigenen Urlaubs oder bei einem Krankenhausaufenthalt. Recht häufig treten Krankheiten auf, wenn die Tiere durch fremde Umgebung oder anderen Pflegerhythmus gestresst sind und damit ihr Immunsystem geschwächt ist. Zu vermeiden gilt es, die Tiere mit anderen Riesenschlangen zu vergesellschaften (beispielsweise mit Netzpython, Anakonda oder Abgottschlange), um nicht durch eine zusätzliche Erregerquelle Infektionen auszulösen.

Im Folgenden möchte ich einige der häufigsten Probleme des Tigerpythons ansprechen. Es wird allerdings ausdrücklich auf Spezialliteratur verwiesen und betont, dass im Krankheitsfall unbedingt ein mit Reptilien erfahrener Veterinär aufzusuchen ist. Bitte nehmen Sie keine Maßnahmen an Ihren Schlangen vor, die einzig und allein Tierärzten vorbehalten sind. Verabreichen Sie Medikamente nur nach Weisung des Veterinärs.

Was Sie als Halter in erster Linie für die Gesundheit Ihrer Pythons tun können, ist, diese optimal zu halten, beispielsweise was das Temperatur- und Luftfeuchtigkeitsregime angeht. Kontrollieren Sie die entsprechenden Werte sowie die Funktionsfähigkeit der elektrischen Geräte regelmäßig. Vermeiden Sie außerdem Stress für die Tiere durch zu hohe Besatzdichte, zu kleine Terrarien etc. Schließen Sie Verletzungsmöglichkeiten durch nicht sicher angebrachte Klettergelegenheiten, hervorstehende Schrauben, nicht abgeschirmte Heizmittel etc. aus. Beobachten Sie Ihre Tiere täglich, um bei Verhaltensabweichungen sofort nach möglichen Ursachen forschen zu können. Füttern Sie

Tigerpythons weder zu reichlich noch zu knapp und bringen Sie Abwechslung in den Speiseplan.

Separieren Sie kranke Tiere unverzüglich zur Quarantäne und schalten Sie einen erfahrenen Tierarzt ein.

Maulfäule

Als Maulfäule (Stomatitis ulcerosa) wird eine Infektion der Mundschleimhaut durch Befall mit verschiedenen Bakterien wie *Aeromonas hydrophila* bezeichnet. Symptome sind anfänglich gerötetes, später blasses und blutendes Zahnfleisch, Schwellungen und käsiger Ausfluss, bei fortgeschrittener Maulfäule auch Zahnausfall. Oft können die betroffenen Tiere das Maul nicht mehr vollständig schließen. Die Pythons verweigern dann meist das Futter.

Um solche Infektionen zu vermeiden, sollte man Verletzungen des Rachenraums beispielsweise durch grobe Zwangsfütterungen ausschließen und allgemein auf optimale Haltungsbedingungen sowie abwechslungsreiche Fütterung mit ihrerseits hochwertig ernährten Futtertieren achten. Isolieren Sie erkrankte Schlangen und stellen Sie sie dem Tierarzt vor.

Verletzungen/Verbrennungen

Verletzungen/Verbrennungen kommen in erster Linie durch nicht gesicherte Einrichtungsgegenstände, Bisse von Futtertieren und Artgenossen, durch das Reiben des Kopfes an scharfen oder kantigen Strukturen des Terrariums und schließlich durch nicht abgeschirmte Heiz- und Beleuchtungsmittel zustande. Kleinere Kratzer lassen sich durch geeignete Desinfektionsmittel (fragen Sie Ihren Tierarzt) vor Infektionen schützen, größere Verletzungen und Verbrennungen müssen vom Tierarzt behandelt werden.

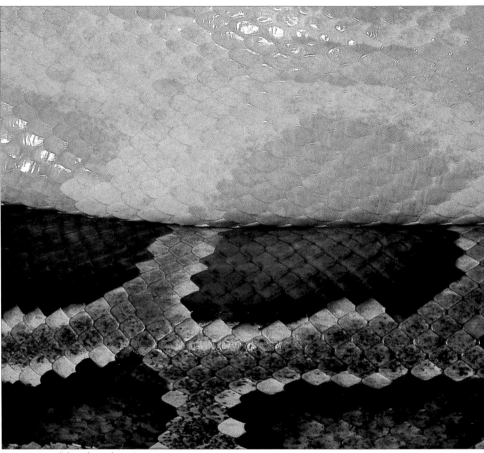

Foto: B. Love/Blue Chameleon Ventures

Häutungsprobleme

Häutungsprobleme treten vor allem aufgrund zu trockener Haltung, seltener auch durch Vitaminmangel auf. Der betroffene Python kann dann die Haut teils nicht abstreifen, es bleiben Hautfetzen haften. Solchen Tieren muss Gelegenheit zu warmen Bädern gegeben werden, danach kann man bei kleinen bzw. „zahmen" Exemplaren versuchen, Häutungsreste von Hand oder mit der Pinzette vorsichtig zu entfernen. Nicht gehäutete Augenschilde können mit einer guten, nicht parfümierten Handcreme entsprechend aufgeweicht werden.

Erhöhen Sie in Zukunft die Luftfeuchtigkeit, achten Sie auf hochwertige Ernährung und den Zugang zu einem geräumigen Badebecken.

Entzündungen der Haut

Man erkennt Hautentzündungen an rötlich unterlaufenen Stellen, oft liegen darüber weiche, gewellte Schuppen. Hier muss der Tierarzt einen Abstrich machen, um den Er-

Außenparasiten

Außenparasiten (Ektoparasiten) sind bei in Menschenhand geschlüpften Tieren praktisch ausschließlich Milben, Zecken treten so gut wie nie in Erscheinung. Das Blutsaugen einzelner Milben an sich schädigt den Python zwar nicht nachhaltig, allerdings können diese Spinnentiere Krankheiten wie IBD (siehe unten), Maulfäule und Lungenentzündung übertragen. Ein Massenbefall kann außerdem zu Blutarmut und einer Schwächung des Allgemeinbefindens führen, und schließlich können durch die Bissstellen der Milben auch infektiöse Erreger in die Haut der Schlange eindringen, die dann beispielsweise zu Abszessen führen. Befallene Tigerpythons baden häufiger als gewöhnlich, oft erkennt man etwas angehobene Schuppen. Die Schlangen müssen in hygienische Quarantäneterrarien auf Zeitungspapier gesetzt werden, alle Einrichtungsgegenstände des Terrariums und das Substrat sind abzukochen oder nach Möglichkeit besser auszutauschen.

Innenparasiten

Ein Befall mit Innenparasiten (Endoparasiten) wie Nematoden, Trematoden, Cestoden, Amöben, Flagellaten, Salmonellen und Kokzidien äußert sich häufig in Änderungen des Fressverhaltens, Stagnation des Gewichts trotz reichlicher Futtergabe, dünnflüssigem Kot, Auswürgen der Nahrung, verstärktem Trinkbedürfnis, Schwellungen des Körpers etc. Oft sind Magen-Darm-Entzündungen die Folge.

Es sind unverzüglich frische Kotproben zur Untersuchung an geeignete Institute einzureichen (Adressen finden Sie am Ende des Buches), behandelt wird dann nach Weisung.

Erkrankungen der Atemwege

Zugluft, zu kühle und zu feuchte Haltung führen oft zu bakteriellen Infektionen der

regertyp zu identifizieren. Ursachen sind beispielsweise infizierte Verletzungen bei zu feuchter Haltung.

Abszesse, Tumoren

Tumoren sind Krebserkrankungen, Abszesse kommen durch Bakterien zustande, die über Hautverletzungen eindringen, gefördert beispielsweise durch zu feuchte Haltung. Beide Erkrankungen äußern sich durch Beulen und kugelige Stellen auf der Haut. Der Tierarzt ist schnellstens aufzusuchen.

oberen und unteren Atemwege, die sich zunächst in leichtem Nasenausfluss bemerkbar machen. Erfolgt keine Optimierung der Haltungsbedingungen, verschlimmert sich die Erkältung rasch, und es kann zu einer Lungenentzündung kommen, die auch durch Mykobakterien, Pilze oder Lungenwürmer ausgelöst werden kann, vor allem aber durch *Aeromonas hydrophila*.

In den letzten Jahren haben Erkältungskrankheiten bei Tigerpythons stark zugenommen und machen 80–90 % der Ursachen bei Todesfällen aus. Sowohl Jungtiere als auch ältere Exemplare zeigen sich gegen bestimmte Bakterienstämme recht anfällig.

Durch suboptimale Haltung oder Parasitenbefall geschwächte Tiere unterliegen einem höheren Risiko, an einer Lungenentzündung zu erkranken. Diese wird begleitet von Schaum, Schleim oder Bläschen vor Maul und Nasenlöchern, rasselndem oder quietschendem Atem sowie leicht geöffnetem Maul. Betroffene Tiere verweigern meist das Futter.

Viele Halter kennen solche saisonal auftretenden Symptome und achten dann auf höhere Temperaturen, wechseln das Substrat oder setzen die Tiere auf alte Zeitungen, vermeiden jeden Stress für die Schlange und hoffen, dass sich die Krankheitsanzeichen legen. Manchmal wird zusätzlich ein ätherisches Öl verdampft, ähnlich einer Inhalation bei uns Menschen, um die Atemwege freizubekommen. Oft bessert sich der Zustand des Tigerpythons nach diesen Maßnahmen deutlich, und die Krankheit scheint überwunden zu sein. Tatsache ist aber, dass der Schleim zum erheblichen Teil in der Lunge verbleibt und das Immunsystem weiterhin beschäftigt. Bei der nächstbesten Stresssituation, Zugluft oder zu kaltem Wasser im Badebecken tritt dieselbe Symptomatik dann wieder auf. Deshalb sollte der Python bei den ersten Anzeichen einer solchen Erkrankung bei höheren Temperaturen in Quarantäne verbracht und ein mit Reptilien erfahrener Veterinär hinzugezogen

Nach der Eiablage sollte man unbedingt darauf achten, ob keine Eier im Körper des Weibchens verblieben sind. Foto: T. Schwer

werden. Dieser übernimmt die Diagnose der Ursache sowie die Behandlung der Erkrankung. Der Halter hat dafür Sorge zu tragen, dass zukünftig die Haltungsbedingungen optimiert werden.

Legenot

Als Legenot bezeichnet man die Unfähigkeit von Weibchen, ihre reifen Eier abzulegen. Dazu kommt es beispielsweise durch Fehlen einer geeigneten Eiablagestelle oder generellen Stress (psychogene Legenot), andererseits sind aber auch körperliche Ursachen möglich (so genannte organische Legenot).

IBD (Inclusion Body Disease)

Immer häufiger werden Tigerpythons auch von der ansteckenden Einschlusskörperchen-Krankheit (Inclusion Body Disease, IBD) befallen, die in kurzer Zeit den gesamten Bestand an Riesenschlangen eines Halters vernichten kann. Es handelt sich dabei um eine durch Viren ausgelöste Erkrankung, die Pankreas, Milz, Leber und Nieren betrifft, außerdem kann es zu neuronalen Rückbildungen in Gehirn und Rückenmark sowie zu Schädigungen der Nerven kommen. Befallene Tiere müssen keine Symptome zeigen, fungieren aber als Überträger. Möglicherweise übertragen auch Schlangenmilben den Erreger, der wahrscheinlich unter den Retro-/Reoviren zu suchen ist. Um sicherzugehen, sich mit neuen Tieren keine IBD in den Bestand einzuschleppen, sind zwei Blutuntersuchungen im Abstand von mehreren Monaten oder am besten die Entnahme einer Leberprobe zu empfehlen. Erste Anzeichen bei Tigerpythons sind vor allem Futterverweigerung, Störungen des Zentralnervensystems (die Schlangen drehen beispielsweise den Kopf bei aufgerichtetem Vorderkörper nach hinten), Auswürgen von Nahrung, Orientierungslosigkeit, Erkältungen und Lungenentzündungen

trotz optimaler Haltungsbedingungen. Ob dabei IBD zu den Erkältungskrankheiten führt oder ob diese umgekehrt erst IBD zum Ausbruch bringen, ist noch nicht einwandfrei geklärt. IBD schreitet sehr rasch voran, befallene Tigerpythons können vor allem an den Begleiterkrankungen innerhalb von 2–4 Monaten sterben, wobei sie oft wie zu Knoten verdreht sind.

Die Diagnose ist nicht einfach, eine erfolgreiche Behandlungsmethode der Krankheit oder ein wirksamer Impfstoff sind bislang leider nicht bekannt. Als Halter kann man befallene Tiere also nur schnellstmöglich isolieren, letztlich bleibt nur die Euthanasie.

BINDER & LAMP (im Druck) empfehlen als präventive Maßnahmen:

1. Regelmäßige Kontrollen des Bestandes auf IBD, sofortige Überprüfung neu erworbener Riesenschlangen auf Ektoparasiten und IBD, dreimonatige Quarantäne.

2. Hygienepraktiken: Desinfizieren Sie sich die Hände zwischen allen Maßnahmen, die Kontakt mit verschiedenen Riesenschlangen oder ihrem Terrarienzubehör umfassen, sterilisieren Sie Sonden nach jeder Benutzung, desinfizieren Sie Terrarien vor dem Neubesatz, tauschen Sie die Einrichtung komplett aus, desinfizieren Sie Transportbehälter vor jeder Verwendung.

3. Entsorgen Sie verweigerte Futtertiere, bieten Sie diese keiner anderen Schlange an.

4. Beginnen Sie Kontrolle und Säuberung der Terrarien sowie Wasserwechsel und Fütterung immer mit den jüngsten Tieren.

5. **Halten Sie Vorsichtsmaßnahmen nach Besuchen von Reptilienläden, -börsen und anderen Pflegern von Reptilien ein. Sehen Sie jeden Neuzugang als potenziellen Träger des Virus an.**

Vermehrung

Bei diesem gerade schlüpfenden Jungtier kann man deutlich den
Eizahn erkennen, mit dessen Hilfe die Eischale aufgeritzt wird.
Foto: B. Love/Blue Chameleon Ventures

▷ Vermehrung

Immer wieder liest man, die Vermehrung des Tigerpythons sei sehr einfach und gelinge selbst bei Besitz nur eines Pärchens leicht (COBORN 1992; ROSS & MARZEC 1994; SCHMIDT 1996). Andererseits wurden im indischen Nandankanan-Zoo 13 Jahre lang keine Paarungen und Eiablagen beobachtet (ACHARJYO & MISRA 1976), auch im Seattle-Zoo lebte ein Pärchen Dunkler Tigerpythons jahrelang ohne jeden Paarungsversuch zusammen (WAGNER 1976). Insgesamt kann der Schluss gezogen werden – auch wenn sich natürlich mittlerweile die Haltungsbedingungen gebessert haben –, dass die Zucht doch nicht ganz so einfach ist, sei es aus Platzgründen, aus Gründen der Inkubation oder anderen Ursachen.

Außerdem macht die gesunkene Nachfrage die Nachzucht auch oft nicht mehr so attraktiv. Auch andere Gründe mögen eine Rolle spielen, etwa die Reinerhaltung der Unterarten, die Gesundheit und Stabilität der Nachzuchten oder die gesetzlichen Vorgaben für die Haltung und Vermarktung.

Trotz des oben Gesagten gibt es eine Fülle an Informationen über die erfolgreiche Nachzucht des Tigerpythons. VOSJOLI (1991) etwa gibt sehr genaue Temperaturintervalle, Fütterungsfrequenzen und -mengen dazu an. In diesem Kapitel trage ich alle wichtige Daten und Informationen zum Thema Nachzucht des Tigerpythons zusammen, einschließlich der Planung einer Zuchtgruppe und der Aufzucht der Jungschlangen.

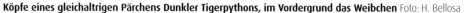

Köpfe eines gleichaltrigen Pärchens Dunkler Tigerpythons, im Vordergrund das Weibchen Foto: H. Bellosa

Nachzuchten, Importe und Marktentwicklung

Seit Ende der 1990er-Jahre werden zunehmend Nachzuchten aus Skandinavien, Holland, Italien und den USA über Börsen oder als Direktimporte auf den Markt gebracht. Aus der Tschechischen Republik beispielsweise wurden im Jahr 2001 insgesamt 655 Nachzuchttiere importiert (Bundesamt für Naturschutz, WA-Vollzug, CITES-Jahresstatistik). Die Zahl der deutschen Nachzuchten hat sich auf einem etwas niedrigeren, etwa gleich bleibenden Niveau eingependelt. Für Albino-Nachzuchten ist die Nachfrage nach wie vor recht hoch, zudem haben mehr Züchter aufgehört, als neue dazugekommen sind. Dementsprechend sind die Preise für Albinos bei deutschen Nachzuchten stabil geblieben, für Nachzucht-Importe allerdings deutlich gesunken. Im Rahmen der Ost-

erweiterung der EU wird sich dieser Trend deutlich fortsetzen, sodass eine Aufsplitterung des Marktes vorauszusehen ist. Letztlich wird die Qualität der Tiere, vor allem ihre genetische und gesundheitliche Stabilität, über die Entwicklung des Marktes entscheiden. Bei den normal gefärbten Dunklen Tigerpythons ist der Gesamthandel stark zurückgegangen, und in diesem Zuge sanken auch die erzielten Preise für deutsche und importierte Nachzuchten. Allenfalls heterozygote (= mischerbige) Tiere für Albino- oder Zeichnungsmutanten sind gefragt. Die Hellen Tigerpythons sind insgesamt im Aufwärtstrend, da sie deutlich weniger Platz beanspruchen und das Problem ihrer Vermarktung (Anhang-A-Tiere) mittels Fotodokumentation inzwischen auch gut zu handhaben ist. Hier deckt das Angebot deutscher Züchter kaum die konstant hohe Nachfrage, sodass die Preise sich auf relativ hohem Ni-

Jungtier mit ungewöhnlicher Zeichnung Foto: W. Grossmann

veau eingependelt haben. Betrachtet man den gesamten Markt für Tigerpythons in Deutschland, so werden nach meinen Schätzungen pro Jahr ca. 500–800 Nachzuchten verkauft, der Bestand an Adulti liegt bei ca. 3.000 Tieren (Angaben aus den mir vorliegenden Daten von Züchtern, Händlern etc. hochgerechnet). Der Trend geht eindeutig in Richtung Farbzuchten und neue Varianten, die Orientierung erfolgt am US-amerikanischen Markt.

Genetische Aspekte

„Eine große Zahl derartiger Mischungen (d. h. Unterartbastarde) wurde unter den Haltern verbreitet, die über die Herkunft oder gene-

tarde sich auch in der nächsten Generation fortpflanzen. Die Einrichtung eines gesicherten Genpools aus Tieren bekannter Herkunft für die zwei Unterarten und drei „grundsätzlichen" Farbformen sowie das penible Führen von Zuchtbüchern wären die Lösung für dieses Problem, und dafür plädiere ich nachdrücklich.

Immer wieder werden auch Bastarde aus zwei Arten erzeugt, dies soll genetische Verwandtschaft klären helfen und stellt kein Risiko für den Bestand dar, da die Nachkommen steril sind. Bisher sind solche Bastarde mit dem Felsen-, dem Netz- und dem Königspython bekannt (W. BÖHME, M. LAKAA, A. STEHLIN, pers. Mittlg.). Ob solche Versuche angesichts der modernen DNA-Analyse-Verfahren biologisch sinnvoll sind, mag zu Recht ange-

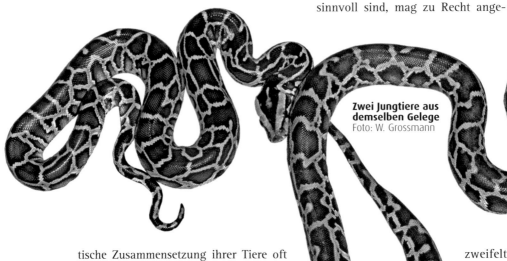

Zwei Jungtiere aus demselben Gelege
Foto: W. Grossmann

tische Zusammensetzung ihrer Tiere oft nichts wissen", berichten ROSS & MARZEC (1994) in ihrem grundlegenden Werk über die Zucht von Riesenschlangen. Solche Unterartbastarde könnten allenfalls als Einzeltiere von Liebhabern gepflegt werden, die einen großen Python sozusagen als Highlight halten wollen. Er könnte dann keinen „genetischen Schaden" anrichten. Leider werden diese Tiere aber meist nicht getrennt von reinrassigen gehalten, sodass die Bas-

zweifelt werden.

Eine weitere Problematik ergibt sich aus der immer stärkeren Einengung der genetischen Ausstattung beim Dunklen Tigerpython, besonders bei Albinos. Diesen Vorgang bezeichnet man im Fachjargon als In-

Amelanistischer Schlüpfling der „Opaque"-Variante Foto: B. Love/Blue Chameleon Ventures

zucht-Depression. Diese hat bisher dazu geführt, dass in jüngster Zeit bei den Albino-Tieren deutlich häufiger als in den 1980er- und 1990er-Jahren bereits bei jüngeren Tieren Todesfälle auftraten. Mir sind im Zeitraum Dezember 2002 bis Juni 2004 ungefähr 25 solcher Todesfälle von Tieren im Alter zwischen zwei und sieben Jahren berichtet worden.

Meist war der Obduktionsbefund unauffällig, und von den Tierärzten wurden Stress, Immunschwäche oder Infektion ohne pathologischen Erreger als Todesursache genannt. Meine Vermutung geht jedoch dahin, dass gerade bei den Albinoformen die genetische Verarmung sehr weit fortgeschritten ist und eine Auffrischung mit Genen heterozygoter Tieren unbedingt nötig wäre. Selbstverständlich sollten Paarungen nahe verwandter Tiere vermieden werden, dazu müssten freilich die Abstammungslinien für Käufer nachvollziehbar sein.

Zuchtgruppe

Hat man sich dazu entschlossen, die Nachzucht des Tigerpythons zu wagen, stellt sich die Frage nach einer geeigneten Zuchtgruppe. Diese besteht bei kleineren Schlangenarten meist aus zwei Pärchen oder drei Männchen und zwei Weibchen, beim Tigerpython kann aber aus Platzgründen ein Privathaushalt nicht derart viele Tiere pflegen. Es bieten sich deshalb Zuchtgemeinschaften an: Halter A hält ein Pärchen, Halter B ein Weibchen und Halter C ein Männchen. Wichtig ist, ein paarungsaktives Männchen dabei zu haben oder durch Rivalität zweier

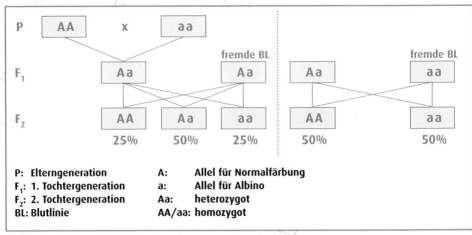

Grafik S: Erbschema für die Vererbung von rezessiven Merkmalen

Männchen die Paarungsaktivität zu steigern. **Vorsicht:** Die Rivalenkämpfe können recht heftig sein und verlangen sehr stabile Behälter! Der Transport ruhiger, großer Tigerpythons ist an sich kein Problem (halten Sie jedoch sicherheitshalber vorher Rücksprache mit dem für Sie zuständigen Amt): Man steckt das Tier in einen festen Bettüberzug; besser sind zwei ineinander gesteckte, die dann sicher verschlossen und in einen ausreichend festen und thermostabilen Behälter in das – im Winter geheizte – Fahrzeug gegeben werden; auf diese Weise haben Bekannte und ich selbst schon Tiere bis 70 kg Gewicht umgesiedelt. Und Männchen erreichen selten solche Dimensionen – meist liegen größere Zuchtexemplare bei 25–50 kg, Albino-Männchen noch deutlich darunter, bei etwa 15–40 kg. Ein weiterer Vorteil einer solchen Zuchtgemeinschaft ist der, dass Halter C eine Temperaturabsenkung bei seinem Tier durchführen könnte (etwa 4–6 Wochen vor Beginn der Paarungsphase), dann sein Männchen zu Halter A bringt und dort durch das zweite Männchen Stimulation erzeugt. Das möglicherweise unterlegene, aber paarungsaktive Männchen könnte dann zum Weibchen von

Halter B gebracht werden. Günstig für Farbzuchtziele wäre auch, wenn beispielsweise je ein Weibchen oder Männchen Albinos wären, sodass in der nächsten Generation zunächst Heterozygote entstünden. Mit heterozygoten Tieren aus anderen Blutlinien oder mit jeweils einem Albino-Partner ließen sich dann in der nächsten Generation zu 50 % oder 25 % Albinos erzeugen (siehe Grafik S). Alternativ lassen sich natürlich auch gleich unverwandte Albinos miteinander verpaaren.

Nimmt man zu den schon vorhandenen Schlangen neue hinzu oder bezieht Tiere eines weiteren Freundes in die Zuchtgemeinschaft mit ein, so ist stets eine **Quarantäne** einzuhalten (siehe oben, vgl. auch EI-SENBERG (2003).

Neben dem oft knappen Raumangebot ein weiterer Grund, der für die Bildung einer Zuchtgemeinschaft spricht, ist, dass es bei gemeinsamer Haltung mehrerer Männchen nicht selten zur Dominanz eines älteren Exemplars kommt, die im Extremfall zu dessen völliger Isolierung führen muss, da es überhaupt keine anderen Männchen duldet, nicht einmal solche anderer Arten. So akzeptierte das 5 m lange Männchen „Zeus" eines Freundes weder jüngere Tigerpython-männchen noch solche des Netzpythons oder der Abgottschlange (M. Lakaa, pers. Mittlg.). Anders gelagert der Fall eines weiteren Tigerpythonzüchters: Er hielt ein Männchen des Hellen Tigerpythons und ein Albino-Männchen des Dunklen Tigerpythons seit mehreren Jahren zusammen, beide waren geschlechtsreif. Als die Tiere in ein neues Terrarium mit Beregnungsanlage und großem Badebecken umgesetzt wurden, kam es zu heftigen Rivalenkämpfen. Diese begannen zunächst mit Schubsen und Stoßen, dann traten Verfolgungen durchs Terrarium auf, und schließlich biss das ältere dem jüngeren Männchen in den Hals – eine Trennung der Kontrahenten war unumgänglich (A. Bayerl, pers. Mittlg.).

Geschlechtsreife

Der Tigerpython erreicht die Geschlechtsreife mit 4–5 Jahren bei Weibchen und mit 3–4 Jahren bei Männchen. Von Züchtern und Reptilienzoos wurden auch Nachzuchten mit deutlich jüngeren Elterntieren erzielt, etwa zweijährigen Männchen und zweieinhalbjährigen Weibchen. Allerdings sollte man so jungen Weibchen noch ein, zwei Jahre „Aufbauphase" gönnen, bevor sie auch die Zuchtreife erlangt haben. Von vielen Züchtern habe ich schon Kommentare

Immer wieder tauchen neue Farb- und Zeichnungsvarianten auf. Foto: W. Grossmann

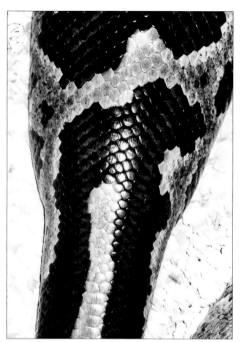

Der sich nach der Kloake abrupt verjüngende Schwanz weist auf ein Weibchen hin. Foto: H. Bellosa

Männliche Tigerpythons besitzen lange Aftersporne, die bei geschlechtsreifen Tieren nach vorn gestellt werden können. Foto: H. Bellosa

gehört wie: „Dem Weibchen hätte ich noch zwei Jahre geben sollen, dann würde es noch leben", oder: „Es hätten sicher mehr Nachzuchten überlebt, wenn das Weibchen etwas älter gewesen wäre." Eier beanspruchen einen bestimmten Raum im Eileiter und eine gewisse Weite bei der Passage bis zur Kloake – extrem junge Weibchen sind wahrscheinlich auch hormonell noch nicht optimal auf die Eiproduktion umgestellt. Bei den Männchen lässt sich die Geschlechtsreife an der ausgeprägten Fastenperiode im Winter ablesen. Zu diesem Zeitraum beobachtet man auch das erstmalige Umstellen der Aftersporne von der Normallage (nach hinten) in die „Kratzphase" (nach unten oder sogar vorne). Die Weibchen sondern bei einsetzender Geschlechtsreife ein stechend scharf riechendes, dunkelbraunes Sekret ab und zeigen im hinteren seitlichen

Bauchbereich von November bis März Anzeichen der Follikelbildung.

Ob das Rotationsverhalten geschlechtsreifer Weibchen, also das Drehen auf den Rücken ohne Trächtigkeit, meist in den Nachtstunden, einen direkten Zusammenhang mit dem Reproduktionszyklus hat, ist bisher nicht geklärt.

Paarung

Das Werbe- und Paarungsverhalten des Tigerpythons wurde mehrfach beschrieben (z. B. LEDERER 1956; STEMMLER-MORATH 1956; VAN MIEROP & BARNARD 1976; MURPHY et al. 1978; BARKER et al. 1979; GILLINGHAM & CHAMBERS 1982). In einer ersten Phase kratzt das Männchen mit hoher Frequenz mit den Aftersporen über den Rücken des Weibchens und kriecht züngelnd in großen Win-

Vergesellschaftungen von Tiger- und Netzpython haben schon zur Zeugung von Artbastarden geführt. Foto: H. Bellosa

dungen über die Partnerin. Das Weibchen reagiert mit ruckartigen Gegenbewegungen, ist aber noch relativ passiv. Im weiteren Verlauf lässt die Geschwindigkeit des Kratzens deutlich nach, und die Aftersporne heben einzelne Schuppen an den Flanken des Weibchens an. Dies wird als Phase 2 bezeichnet. Der Kopf des Männchens gleitet jetzt weiter nach hinten, sodass die beiden Kloaken auf gleiche Höhe kommen. Nun beginnt Phase 3, in der das Weibchen den Schwanz leicht anhebt und die Kloake etwas ausstülpt. Der Schwanz des Männchens umgreift die Kloakenregion, und ein Hemipenis (Schlangen besitzen zwei Hemipenes als Kopulationsorgane) wird eingeführt. Die Atmung beider Tiere ist sehr rasch (20–30 Atemzüge pro Minute), beim Weibchen sind oft Muskelkontraktionen zu beobachten, oder beide Tiere bewegen ihre Vorderkörper in parallelen Pendelbewegungen. Der eigentliche Paarungsvorgang dauert zwischen zwei und zwölf Stunden, er kann sich innerhalb weniger Tage mehrmals wiederholen. Besondere Duftsekrete aus speziellen Drüsen der Weibchen sind die Auslöser der ersten Verfolgungsphase, und bis zum Ende der Paarung spielen chemische Reize eine entscheidende Rolle. Der teilweise enorme Größenunterschied der beiden Tigerpythongeschlechter scheint bei der Paarung keinerlei Probleme zu bereiten: Mir wurde ein Fall geschildert, bei dem das Weibchen mit 560 cm Länge fast doppelt so lang wie das Männchen (285 cm Länge) war.

Trächtigkeit

Die Trächtigkeit (= Gravidität) dauert von der Befruchtung der Eizellen, die aus den

Trächtigkeitsdauer beim Dunklen und Hellen Tigerpython nach verschiedenen Autoren im Vergleich zu den gesammelten Daten des Autors

Angaben bei	Trächtigkeitsdauer in Tagen Dunkler Tigerpython	Trächtigkeitsdauer in Tagen Heller Tigerpython
PATSCH 1943	59–67	70–80
STOOPS & WRIGHT 1994	110–150	100–150
VAN MIEROP & BARNARD 1976	109–114	keine Angaben
VERGNER 1990	22–174	25–174
BELLOSA (gesammelte Daten)	60–160 (n = 55)	keine Angaben

Follikeln in die Eileiter abgegeben werden, bis zur Eiablage. Nach der Befruchtung werden aus Drüsen der Eileiter Eihüllen um die Eier gelegt und dicke, aber leichte Kalkschalen gebildet (SAINT-GIRONS 1994). Da meines Erachtens nur in wenigen Ausnahmefällen schon eine einzige Paarung zur Befruchtung führt, lässt sich die Dauer der Trächtigkeit

Angaben der Tabelle lassen sich sicherlich mit unterschiedlichen Haltungstemperaturen, dem unterschiedlichen Alter der Tiere und/oder sonstigen Haltungsbedingungen erklären. Bei älteren Untersuchungen lagen häufig auch Ergebnisse von Paarungen vor, die in größeren Abständen erfolgten und/oder an denen mehrere Männchen beteiligt

Brütendes Weibchen Foto: B. Love/Blue Chameleon Ventures

selten exakt angeben. Viele Autoren schreiben ganz allgemein von zwei Monaten (ROSS & MARZEC 1994; TRUTNAU 2002; WALLS 1998) oder 3–4 Monaten (LÜDICKE 1964; VALENCIENNES 1841)

Die Tabelle oben gibt eine Übersicht einiger veröffentlichter Daten verschiedener Autoren.

Die doch erheblichen Differenzen in den

waren. Hier erfolgte die Zuordnung oft willkürlich. Nicht berücksichtigt wurde das Phänomen der Samenspeicherung, die beim Tigerpython bis zu vier Jahre betragen kann, so die Beobachtungen im Amsterdamer Zoo (DIRKSEN & AULIYA 2001).

Über die mehrfach berichtete Parthenogenese beim Tigerpython, also die Erzeugung von Nachkommen ohne vorausgehende Paarung mit einem Männchen (GROOT et al. 2003; KUHN & SCHMIDT 2003), lässt sich meiner Meinung nach erst dann Definitives sagen, wenn deutlicher als in den beiden zitierten Fällen eine Samenspeicherung bzw. eine reguläre Befruchtung ausgeschlossen werden können oder sogar DNA-Analysen vorliegen.

Eine relativ sichere Feststellung der Trächtigkeit gelingt am ehesten bei jüngeren Albino-Weibchen, bei denen in der Endphase der Trächtigkeit seitliche Rumpfwölbungen sichtbar werden. Es lassen sich dann sogar einzelne Eier vorsichtig ertasten (Palpation). Große, kräftige Weibchen sind nur bei einer sehr hohen Eizahl als trächtig zu identifizieren.

Weitere Anzeichen der Trächtigkeit sind Verweigerung des Futters, stärkeres Abwehrverhalten, notfalls mit Bissen, sowie Seiten- oder Rückenlage. Manche Tiere zeigen diese Merkmale erst in den letzten beiden Wochen vor der Eiablage, andere lassen nur ein oder zwei Merkmale erkennen. Mir wurde berichtet, dass von einem Weibchen noch einen Tag vor der Eiablage ein Hase verspeist wurde!

Um das Weibchen ohne Beeinträchtigung bis zur Eiablage zu halten, müssen andere Schlangen aus dem Terrarium entfernt oder sicher abgetrennt werden. Auch die Arbeiten des Halters sollten sich auf das Nötigste beschränken. Falls kein Ausweichterrarium für die anderen Terrarienbewohner zur Verfügung steht, sollten diese zu einem Freund ausgelagert werden. Um solche Ausweichmöglichkeiten muss man sich also bereits kümmern, bevor man mehrere Tigerpythons erwirbt.

Von der Möglichkeit des Röntgens würde ich nur dann Gebrauch machen, wenn wegen Komplikationen ein operativer Eingriff notwendig werden könnte oder man sicher gehen will, dass alle Eier entfernt bzw. abgelegt worden sind.

Eiablage

1–3 Tage vor der Eiablage kriecht das hochträchtige Weibchen unruhig und heftig züngelnd umher – es sucht einen geeigneten Platz für sein Gelege. Für ein gutes Zuchtergebnis ist es notwendig, diese Suche zu steuern und einen Nistplatz vorzubereiten. Sollen die Eier im Inkubator erbrütet werden, so genügt es meist, einen feuchten, für die Schlange von zwei Seiten zugänglichen Platz einzurichten, bei dem genügend leicht feuchtes und entsprechend erwärmtes Bodensubstrat vorhanden ist. Auch der Halter muss diesen Platz gut erreichen können. Die zweite Möglichkeit ist stets eine Schlupfkiste.

Entscheidet man sich dagegen für die Naturbrut, so muss der Eiablageplatz noch sorgfältiger ausgestattet werden. Sie können ihn wie in Grafik T (S. 87) gestalten und sollten sich dabei an der Größe des Weibchens orientieren. Verschiedene Untersuchungen haben gezeigt, dass sowohl im Bruterfolg als auch in der Vitalität der Jungschlangen keine Unterschiede zwischen den beiden Brutmethoden auftraten (z. B. GILLINGHAM & CHAMBERS 1982). Da der Tigerpython aber ein hochinteressantes Brutverhalten bietet, würde ich bei entsprechenden Platzmöglichkeiten zu einem Versuch mit Naturbrut raten. Dies ist vor allem auch dann zu empfehlen, wenn das Weibchen recht groß und kräftig ist, die längere Fastenpause (in etwa 60–70 Tage) also leichter bewältigt.

Manchmal werden bei der Naturbrut auch Eier aus dem Bereich der Körperschlingen herausgeschoben, können aber durchaus befruchtet sein und werden dann im Inkubator weiter bebrütet. Daraus ist ersichtlich, dass ein Inkubator auf jeden Fall bereitstehen muss.

Trotz großer individueller Unterschiede im Gesamtablauf des Vermehrungszyklus benötigen die meisten Weibchen nur einen Tag, um den Eiablageplatz zu bestimmen.

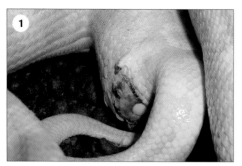

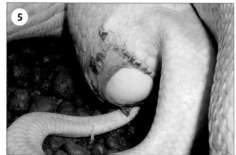

Diese Bildserie zeigt das Absetzen eines Eis bei einem amelanistischen Weibchen des Dunklen Tigerpythons. Fotos: K. Hoppe

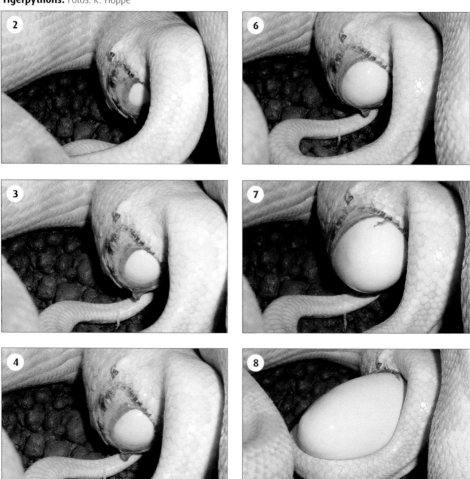

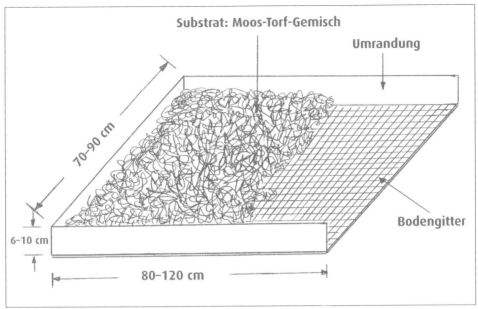

Substrat: Moos-Torf-Gemisch

Umrandung

70–90 cm

6–10 cm

80–120 cm

Bodengitter

Grafik T: Eiablageplatz für die Naturbrut

Die Mehrzahl der Tiere drückt das Füllmaterial etwas zur Seite, sehr selten steht es dann mehr als 5 cm an den Körperschlingen hoch.

Hat das Weibchen einen ihm zusagenden Platz gefunden, kommt es zur Eiablage. Diese wurde bei Terrarienhaltung zu allen Tageszeiten beobachtet, fiel aber bei den beobachteten Fällen zu zwei Dritteln in die späten Morgen- und Abendstunden. In der ersten Stunde erscheinen meist nur wenige Eier (gewöhnlich 2–5 Stück), in der zweiten Stunde dann die Hauptzahl (bis zu 20 Stück), und die restlichen in den nächsten Stunden (meist 10–15 Stück pro Stunde). Bei einem sehr großen Gelege, also bei mehr als 40 Eiern, kann sich die Eiablage über 4–6 Stunden hinziehen.

Oft bildet sich eine Eipyramide, um die das Weibchen in aufsteigenden Schlingen gewunden ist. Je nach Temperaturbedarf werden diese Schlingen dann gelockert, und das Gelege schaut heraus, oder weiter aufgetürmt, und das Gelege verschwindet immer mehr. Auch die Feuchtigkeitsverteilung wird über die Körperschlingen genauestens geregelt.

Schon beim Erscheinen der Eier können drei Kategorien unterschieden werden: (1) unbefruchtete, so genannte taube oder Wachseier – sie sind deutlich kleiner und gelblich, bräunlich oder gräulich gefärbt; (2) unbefruchtete, normal große und beschalte Eier – oft sind sie auch etwas eingefärbt und/oder nicht ganz prall, manchmal auch matt; (3) befruchtete Eier – sie sind rein weiß, prall und glänzend. Grafik U zeigt die drei „Eikategorien" im Farb- und Größenvergleich.

Nicht selten kommt es zu Unterbrechungen bei der Eiablage. Harmlose Ursachen sind Erschöpfung, Ablenkung, Unterbrechung der Muskelkontraktionen oder Überprüfung des Ablageplatzes. Ernstere Gründe sind Querlage eines Eies, Verstopfung durch deformierte Eier, direkte Störung oder Atmungsprobleme. Falls das Vorhandensein

A: Befruchtet
Größe: 7,5–10,2 cm Länge
**   4,9–6,8 cm Breite**
Gewicht: 140–200 g
Farbe: reinweiß
Konsistenz: prall

B: Befruchtet
Größe und Gewicht wie A
Farbe: vanille/beige/
**   hellbraun/grau**
Konsistenz: faltig/einge-
**   dellt oft erst nach**
**   einigen Tagen**

**   C: Wachsei**
Größe: 3,0–7,5 cm Länge
**   2,2–4,5 cm Breite**
Gewicht: 10–80 g
Farbe: gelblich bis orange/braun
Konsistenz: oft mit Hautfetzen,
**   raue Oberfläche**

Grafik U: Kategorien von Eiern im Vergleich

Operation nötig werden sollte. Dies gilt umso mehr, je unerfahrener das Weibchen ist, also insbesondere für sehr junge, früh legende Weibchen. Die Eier kleben nach mehreren Stunden zusammen und können dann nur noch als Gelegeverbund entnommen werden. Durch den Legevorgang sind die Weibchen derart in ihrer Aufmerksamkeit gefangen, dass es oft leicht fällt, die Eier nacheinander zu entnehmen und in den Inkubator zu überführen. Nach der Ablage des letzten Eis wird das Gelege heftig bezüngelt, und es ist nun größte Vorsicht bei der Annäherung geboten! Sollen die Eier entnommen werden, ist der Zeitpunkt direkt nach Abschluss des Legevorgangs ideal, da das Weibchen dann oft noch nicht auf Umgebungsveränderungen reagiert und sich einige Minuten völlig ruhig verhält. Verpasst man diesen kurzen Zeitraum, und das Weibchen beginnt schon mit dem Bezüngeln und Prüfen des Geleges, kann es abgedeckt und von zwei Personen fixiert werden, während die dritte Person das Gelege entnimmt. Auch da gibt es ganz ruhige Tiere, die gelassen bleiben, und andere, die kaum zu bändigen sind! Ein Gelege des Tigerpythons umfasst meist wenige „Wachseier", also unbefruchtete Eier, und die restlichen Eier sind befruchtet (CLERCQ 1988). Bei Weibchen, die bereits mehrere Gelege produziert haben, kann auch tatsächlich das gesamte Gelege aus befruchteten Eiern bestehen. Ein linearer Zusammenhang zwischen der Größe des Weibchens und der Zahl der Eier besteht nicht. Allerdings zeigt die Grafik X (S. 90) eine ungefähre Korrelation dieser beiden Parameter.

weiterer Eier sicher ist und die Unterbrechung länger als eine Stunde dauert, sollten Hilfsmaßnahmen eingeleitet werden. Ich empfehle eine Vorinformation des Tierarztes, dazu die Assistenz eines erfahrenen Schlangenhalters (falls in der Nähe wohnend) und natürlich alle Vorbereitungen für einen Transport in eine Tierklinik, falls eine

Dieses Bild vom 20. Mai 1979 zeigt das Tigerpython-Weibchen „Natasha" auf seinem zweiten Gelege, das am Ende aus 33 Eiern bestehen sollte. Foto: B. Love/Blue Chameleon Ventures

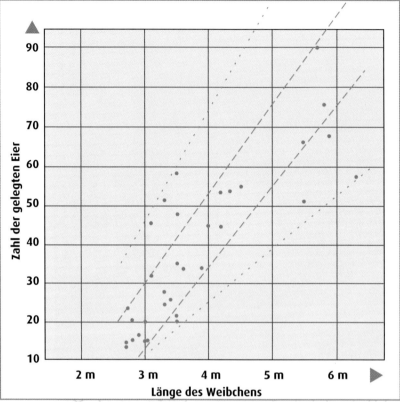

Grafik V: Zusammenhang zwischen Länge des Weibchens und Zahl abgelegter Eier

Naturbrut

Da der Tigerpython eine komplette Versorgung seiner Eier mit Wärme und Feuchtigkeit selbst regelt, kann die Naturbrut durchaus empfohlen werden. Voraussetzung ist natürlich, dass ein entsprechend ungestörtes Plätzchen mit den nötigen Rahmenbedingungen gegeben ist: Grundwärme von mindestens 26 °C ganztägig und eine Luftfeuchtigkeit von 80 %, ideal wären 30–31 °C bei 90 % Luftfeuchte gleichbleibend. Da manche Weibchen zwischendurch das Gelege verlassen, um zu trinken, selten auch um zu fressen, müssen ein Wasser-

Leider existieren sehr wenige Daten über das Ende der Fruchtbarkeit des Tigerpythons. Viele Weibchen bauen in ihrer Fruchtbarkeit stark ab und legen schließlich nur noch Wachseier, obwohl Paarungen vorausgegangen waren! Vom Dunklen Tigerpython liegen Berichte über 20-jährige Männchen vor, die sich erfolgreich verpaarten und für befruchtete Eier sorgten. Bei den Weibchen konnte ich jüngst (Oktober 2005) einen außergewöhnlichen Fall von langer Fruchtbarkeit nachprüfen: Ein 27-jähriges Weibchen produzierte im Sommer 2005 ein Gelege von 32 Eiern, die wahrscheinlich sogar befruchtet waren. Leider konnten die Eier nicht rechtzeitig geboren werden (N. BÖTTINGER, pers. Mittlg.).

gefäß und eine Fütterungsecke, d. h. genügend Platz zur sicheren Ablage eines toten Futtertieres, vorhanden sein. Bereits Stunden vor der Eiablage, selten sogar einen Tag vorher, beginnen Muskelkontraktionen zur Erzeugung einer erhöhten Körpertemperatur. Messungen ergaben, dass die Körpertemperatur vorher um ca. 3–4 °C erhöht wird, während der Brutphase dann um 6–9 °C, wobei die Temperatur während letzten beiden Wochen vor dem Schlüpfen der Jungen absinkt, um am Schlupftag die Umgebungstemperatur, falls diese nicht ohnehin im Bruttemperaturbereich liegt, zu erreichen (HUTCHISON et al. 1966). Die Zahl der Kontraktionen beträgt 15–30 pro Minute, Mes-

Brütendes Weibchen mit Eiern Foto: K. Hoppe

etwa einer über das Weibchen gelegten Decke, um zusätzliche optische Reize (= Bedrohungen) zu vermeiden, und wiederum sollte man solche Eingriffe nur mit Hilfe von Freunden vornehmen.

Künstliche Inkubation

Bei sehr jungen Weibchen, bei weniger kräftigen Tieren und erfahrungsgemäß auch bei Farbformen eignet sich die Naturbrut weniger, hier empfehle ich die künstliche Inkubation.

Sollen die Eier in einem geregelten Inkubator erbrütet werden – diese Geräte sind inzwischen nicht nur relativ preiswert zu kaufen, sondern auch in allen Details leicht handhabbar –, dann müssen die Vorbereitungen etwas anders aussehen. Als Eiablageplatz haben sich Schlupfkisten sehr bewährt, die mit einem feuchten Ablagesubstrat ausgestreut sind (Vermiculit, Torf-Moos-Gemisch, Blumenerde) und an einer gut zugänglichen Stelle im Terrarium stehen. Die Größe der Schlupfkiste richtet sich nach der Größe des Weibchens und sollte eine Grundfläche haben, die ca. 10 cm breiter und länger als die normal aufgerollte Schlange ist. Die Höhe beträgt 50 cm, die seitliche Öffnung 30 x 25 cm bei normal großen Weibchen (3–4 m Länge), bei sehr großen Tieren etwas mehr. Verwendung finden als Material am besten mehrfach verleimte Tischlerplatten, da die hohe Luftfeuchte andere Platten verzieht. Der Deckel ist abnehmbar. Das Substrat hat eine Höhe von 4–8 cm, es ist feucht, trieft aber nicht.

Nach der Eiablage wird die Schlange herausgenommen, falls sie die Eier nicht von selbst verlässt. Dies kann durch Herauslocken mit einem toten Futtertier erfolgen, bei Tendenz zur Bebrütung ihrer Eier durch Abnahme des Deckels der Schlupfkiste und vorsichtiges Herausheben; auch hier sind mehrere Personen zur risikoarmen Aktion notwendig. Schließlich wird der gesamte

sungen deutscher Züchter lagen stets in diesem Bereich. Bei nicht sehr umgänglichen Weibchen ist in dieser Zeit besondere Vorsicht geboten, und die Eingriffe, beispielsweise zur Kontrolle der Luftfeuchte, zum Wechseln des Wassers oder zum Hineinlegen eines Futtertieres, sollten extrem beschränkt werden.

Zeigt das Weibchen kein typisches Brutverhalten, sollten die Eier rasch in den bereitstehenden Inkubator überführt werden. Diese Maßnahme hat innerhalb der ersten beiden Tage nach der Eiablage eine gute Chance auf Erfolg, danach nur noch, falls die Umgebungstemperatur über 28 °C lag und die Luftfeuchte entsprechend hoch war. Wie unempfindlich die Pythoneier gegenüber äußeren Einflüssen sein können, zeigt der Fall eines Züchters, der die Tigerpythoneier von einem Freund abholte, in der eigenen Badewanne mit der Bürste reinigte, abduschte und bei normaler Zimmertemperatur erst nach ca. zwei Stunden in den Inkubator legte – die Jungtiere schlüpften trotzdem ... Natürlich sollte man solche Manipulationen dennoch unterlassen, zumal in der Natur Gelege auch nicht hygienisch rein sind.

Haben die Schlüpflinge ihre Eier verlassen, können sie entnommen werden – Handschuhe vorausgesetzt, da sie heftig beißen. Auch hier empfiehlt sich der Einsatz

Eier im Inkubator Foto: T. Schwer

Der große Moment: Schlupf von Albino-Tigerpythons Foto: R. Bernhard

Schlupfkasten entfernt, sodass im Terrarium jetzt keine weiteren Arbeiten mehr anfallen. Aufgrund des Fehlens der Eier und damit des typischen Gelegegeruchs geht das Weibchen schon bald wieder zum Fressen und seinem normalen Verhalten über. Wenige Tage bis maximal zwei Wochen lang (hier war vielleicht die Eiablagestelle ungenügend gereinigt bzw. das Substrat nicht ausgetauscht worden) sind jedoch noch Muskelzuckungen zu beobachten. Der Inkubator ist schon seit einigen Tagen zuverlässig auf die erforderlichen Werte eingeregelt, und man kann das Gelege oder auch einzelne Eier daher direkt überführen. Die Tabelle S. 93 gibt den Zusammenhang zwischen Bruttemperatur und Brutdauer wieder. Als günstiger Wert für die relative Luftfeuchte haben sich 85–100 % erwiesen.

Befindet sich organisches Material auf der Außenseite einzelner Eier – wenn beispielsweise andere Eier bei der Entnahme zerplatzt waren oder verschimmelte Eier ent-

Inkubation beim Tigerpython (Daten des Autors)

Bruttemperatur in °C	Inkubation
unter 28	Jungtiere meist abgestorben oder mit starken Missbildungen
28–28,5	85–91 Tage, Jungtiere oft mit Zeichnungsanomalien
29–30	62–68 Tage
30–31	60–65 Tage
31–33	58–66 Tage
33–34	56–59 Tage
bis 36	nur kurzfristig ohne Schäden erfolgreich, bei Dauerbetrieb resultieren abgestorbene oder missgebildete Jungtiere

fernt wurden –, kann mit medizinischer Kohle (feines, schwarzes Pulver), die man über die betreffenden Stellen streut, Schimmel meist vermieden werden. Einzelne verschimmelte oder verfärbte Eier müssen den Bruterfolg nicht beeinträchtigen. Solange keine Ausbreitung auf den Rest des Geleges zu beobachten ist, belässt man sie, wo sie sind. Offensichtlich faulende oder komplett einfallende Eier entfernt man vom Gelege, um eine Ausbreitung bakterieller Infektionen zu vermeiden. Hier wäre eine Einzelinkubation natürlich ideal – leider verkleben die Eier oft recht schnell, sodass ein hoher Verlust bei Infektionen in Kauf genommen werden muss.

Kurz vor dem Schlupf werden die Eier oft faltig und beginnen zu schwitzen. Foto: T. Schwer

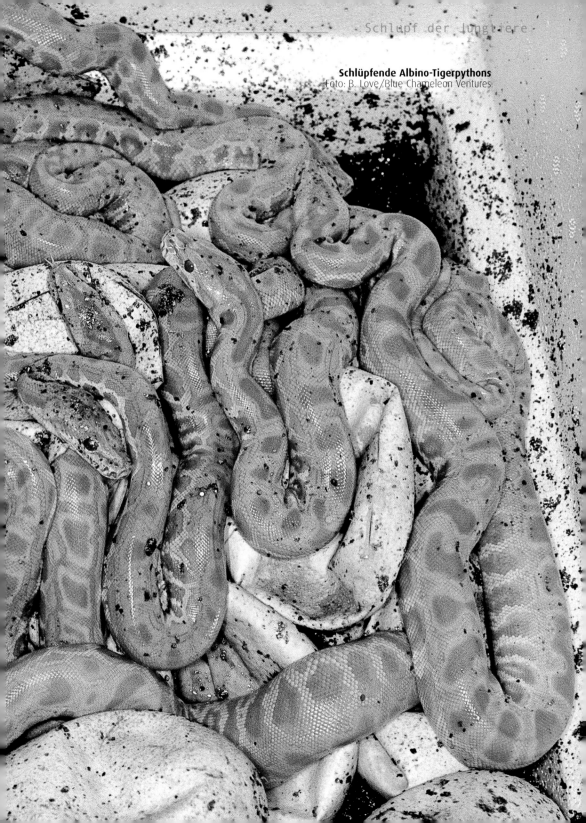

Schlüpfende Albino-Tigerpythons
Foto: B. Love/Blue Chameleon Ventures

Schlupf der Jungschlangen

Ein besonderer Moment für jeden Züchter ist immer wieder die Öffnung des ersten Eis. Der feine Riss, den das Schlangenbaby mit seinem Eizahn (einem Zähnchen an der Schnauzenspitze, der bald nach dem Schlupf abfällt) ins Ei ritzt, verlängert sich in beide Richtungen, und die Nasenspitze kommt zum Vorschein.

Ist die berechnete Zeit (siehe Tabelle S. 93) bis zum Schlupf abgelaufen und tut sich nichts an der Eioberfläche, muss entschieden werden, wie lange man noch zuwartet, ohne ein zu großes Risiko einzugehen, z. B. Eintrocknen, Ersticken der Feten oder Fäulnisbildung. Ich empfehle, bei exakter Steuerung des Inkubators nur wenige Tage abzuwarten, dann kann ein Ei angeritzt oder auch vorsichtig geöffnet werden. Sind die Jungschlangen in Ordnung, können sich aber aus unerfindlichen Gründen nicht selbst befreien, ist das künstliche Öffnen aller Eier nötig. Hat sich die Reifung lediglich verzögert, erkennbar an dem raumfüllenden Flüssigkeitsgehalt im Ei bzw. der unfertigen Pigmentierung der Jungschlange, können in Ruhe weitere Tage abgewartet werden. Ab dem 70. Tag tritt jedoch ein enorm gestiegenes Risiko für Miss- und Fehlbildungen ein, ebenso für Absterben im Ei oder für bakterielle Infektionen.

Aufzucht

Hat man ein freies Regal zur Verfügung, und ist der komplette Raum sehr warm (ca. 28 °C oder wärmer), so setzt man die Jungschlangen einzeln in kleine Terrarien (z. B. 50 x 40 x 40 cm), die man ansonsten entsprechend beheizt. Die Aufzuchtbecken haben z. B. Zeitung als Bodenabdeckung, ein

Ideal ist die Einzelaufzucht in übersichtlich eingerichteten Terrarien mit Kletter-, Versteck- und Bademöglichkeiten. Foto: H. Bellosa

kleines Wasserschälchen und ein Versteck (beispielsweise umgedrehte Kartonschachtel) als Einrichtung. Der Vorteil liegt in der genauen Kontrolle jedes Tieres und in der Übersichtlichkeit der Fütterung. Auch beim Verkauf kann der Käufer einzelne Schlangen ohne Störung der anderen Tiere herausnehmen lassen.

Juveniles Exemplar aus der thailändischen Provinz Loei Foto: W. Grossmann

Die Aufzucht der Jungpythons bereitet insofern keine Schwierigkeiten, als sie erstens gut ans Futter gehen und zweitens auch für die Aufnahme kleiner Mäuse groß genug sind. Zunächst wird die erste Häutung abgewartet, die nach 10–25 Tagen erfolgt, dann füttert man die Tiere. Da in wenigen Fällen Kannibalismus beobachtet wurde (M. JACHMANN, H.-J. MAIER, pers. Mittlg.), sollten die Pythonbabys nach der Fütterung nicht sofort wieder zusammengesetzt werden. Zur Sicherheit können die Jungtiere lauwarm abgebraust werden, um den etwaigen Mäuseduft von ihnen abzuwaschen. Übrigens ist dieser Aspekt durchaus auch bei den semi-

Natürlich können auch mehrere Schlangenbabys in einem Kleinterrarium (60 x 40 x 50 cm) gemeinsam aufgezogen werden. Dieses hat dann mehrere Verstecke, zwei Trinkschalen und eine Beleuchtung/Heizung. Die Fütterung sollte aber in kleineren Boxen (30 x 20 x 10 cm) erfolgen, sodass im Aufzuchtterrarium kein Mäusegeruch vorhanden ist.

adulten und adulten Tieren zu beachten, obwohl hier keine Belege für Kannibalismus vorliegen. Haben die Babys drei- bis viermal gefressen, und hat der Kot Normalfarbe und Normalkonsistenz, können sie zum Verkauf angeboten werden. Die Möglichkeiten zur Abgabe der Jungen sollten frühzeitig ausgelotet werden. Inserieren kann man über Kleinanzeigen RepTV (kostenlose Beilage der Fachzeitschriften REPTILIA und TERRARIA), im Internet oder im Anzeigenjournal der DGHT. Alternativ können Sie Ihre Nachzuchten auch auf einer der zahlreichen Börsen anbieten (Termine in der REPTILIA). Die Abgabe an einen Händler muss wohl überlegt sein – es kommen nur fachkompetente Zoofachhändler in Betracht.

Zu bedenken ist an dieser Stelle auch, dass jedes nicht verkaufte Nachzuchttier gefüttert, gepflegt und betreut werden will, außerdem bereits nach zwei Jahren einen hohen Platzbedarf hat.

Anfangs sind die Kleinen noch bissig und schnappen gerne nach der Hand, dies legt sich aber nach 2–3 Monaten. Meine Pythonbabys waren stets ab rund 70 cm Länge vollkommen friedlich und sind es bis zur Länge von 4 bzw. 5 m geblieben.

Frisch geschlüpfte Jungtiere sollten erst ins Aufzuchtterrarium gesetzt werden, wenn der Dottersack vollständig resorbiert und der Bauch gänzlich geschlossen ist. In ganz seltenen Fällen verwächst beim Schlüpfling der Verbindungsstrang zum Dottersack schlecht, oder am Bauch entsteht eine Wundstelle. Das Schlangenbaby sollte dann extrem hygienisch gehalten werden, am besten auf Zeitungspapier oder saugfähigem Küchenpapier. Mit einem Wattestäbchen kann ein wenig Wundbalsam aufgetragen werden.

Zuchtfrequenz

Beim ersten Gelege eines Weibchens kann man bereits von einem Erfolg sprechen, wenn die Schlupfrate über 33 % liegt. Jedes geschlüpfte Schlangenbaby ist ein Wunderwerk der Natur und sollte in der Lage sein, die Gedanken an kommerzielle Aspekte, die absolut legitim sind, für eine Weile zu verdrängen. Ab dem Drittgelege beträgt die Schlupfrate beim Dunklen und beim Hellen Tigerpython normalerweise zwischen 70 und 90 %. Sinkt diese Rate unter 50 % ab, obwohl die Brutbedingungen optimal sind, ist dies ein sicheres Indiz für eine zu hohe Zuchtfrequenz. Das Zuchtweibchen braucht dann eine Pause, um die Mineralstoffreserven, den Fettstoffwechsel und den Energiehaushalt wieder ins Lot zu bringen. Es hat sich gezeigt, dass kleinere Weibchen, also solche von 3–3,5 m Länge, eine häufigere Eiablage besser verkraften als Tiere von 5–6 m Länge. Weibchen, die gerade erst die Zuchtreife erreicht haben, verfügen über geringe Reserven, und man tut gut daran, sie nach einer Eiablage ein oder zwei Jahre aussetzen zu lassen. Die Verabreichung von Zusatzstoffen sollte mit einem Tierarzt oder sonstigen Fachmann diskutiert werden, gegebenenfalls kann sie sehr hilfreich sein.

So genannter Golden-Thai-Python Foto: W. Grossmann

Farb- und Zeichnungsvarianten ◁

Albinoformen

:: Unter einem echten Albino versteht man ganz allgemein Tiere, die durch Gendefekte in den farbgebenden Zellen der Haut (Chromatophoren), der Haare und der Iris weiß mit roten Augen sind (die Iris ist farblos, aber der rote Augenhintergrund scheint durch). Dieser Gendefekt wird rezessiv vererbt, sodass nur homozygote (reinerbige) Exemplare auch phänotypisch, d. h. äußerlich sichtbar, als Albino zu erkennen sind (FRANK 1997).

Schlangen verfügen über verschiedene Sorten farbgebender Zellen, die nicht notwendigerweise **alle** gestört sein müssen (BROGHAMMER 1998). Bei weißen Tieren mit farbigen Augen werden dann Bezeichnungen wie leuzistisch, „snow" oder „white" verwendet. Leuzistische Tigerpythons haben keine roten, sondern blaue Augen.

Als „Albino" wird beim Tigerpython – eigentlich nicht korrekt – auch der Typ bezeichnet, der einen Gendefekt in den Melanophoren, also den dunkel färbenden Zellen aufweist. Solchen Tieren geht dann der

Kräftig orange gefärbtes Jungtier Foto: B. Love/Blue Chameleon Ventures

Großes Albino-Exemplar Foto: B. Love/Blue Chameleon Ventures

Tigerpython der Golden-Thai-Variante Foto: W. Grossmann

**Rein gelb gemustertes Exemplar aus
dem Reptilienzoo Regensburg** Foto: K. Kunz

braune bis schwarze Farbanteil verloren, an dessen Stelle treten Gelb- und Orangetöne auf, die meist weiß umrahmt sind. Mit zunehmendem Alter verblassen allerdings die Farbtöne, sodass die Tiere hellgelb mit hohem Weißanteil erscheinen. Oft ist eine rötliche Schläfenstreifung zu sehen. Aus historischen Gründen werden diese Tiere auch als Golden-Thai-Python bezeichnet: Es wird kolportiert, das erste Exemplar sei in Thailand gefunden worden. Bei der Zucht der Albinoform des Dunklen Tigerpythons ging man bisher, wie auch in Grafik S gezeigt, von einem

monogen-rezessiv vererbten Merkmal aus. In einem Gelege zweier Albino-Eltern schlüpften 2003 allerdings zwei normal gefärbte Tigerpythons unter sehr vielen Albino-Tieren – dies legt ein wesentlich komplizierteres Erbschema nahe, bei dem durch Entkoppelung aus einer Gruppe von Genen zu geringen Prozentzahlen auch normal gefärbte Tiere entstehen können (A. Bayerl, pers. Mittlg.).

Neben den Albinoformen beim Dunklen Tigerpython und seinen Mischlingen mit Hellen Tigerpythons sind

Gestreifte Jungtiere in Naturfarbe und Amelanistisch Foto: B. Love/Blue Chameleon Ventures

inzwischen auch „Grüne", „Labyrinth-" und „Granit"-Tigerpythons auf dem Markt (siehe unten). Da in noch größerem Umfang heterozygote Tiere mit der Anlage zum Albino bei Züchtern vorhanden sind, werden in Zukunft sehr viel mehr Albinoformen angeboten werden. Sie sind sehr beliebt und erzielen immer noch hohe Preise.

Eine weitere Farbvariante, deren Entstehung und Vererbung nach wie vor Rätsel aufgibt, ist der „Calico"-Tigerpython. Bereits Anfang der 1990er-Jahre waren mehrere Netzpythons und etwas später auch Dunkle Tigerpythons dieser Farbmutante bekannt. Die Farbtöne umfassen Gelb, Grau, Schwarz und Weiß, hinzu kommen einzelne Punkte in Braun bis Orange. Jedes Exemplar ist so individuell gefärbt, dass es niemals verwechselt werden könnte.

Bisher sind sämtliche Versuche zur gezielten Zucht gescheitert. Oft treten Calico-Tiere in Kombination mit anderen Mutationen auf, was ebenfalls auf einen gekoppelten Erbgang schließen lässt. Ein weiteres Problem liegt im Auge des Betrachters: Ist ein solches Tier nun ein Calico-Tigerpython oder eine andere Mutante? Die Übergänge werden zunehmend fließend, und oft steckt in den Bezeichnungen nur ein kommerzielles Interesse. Zunehmend fliegen deutsche Züchter und Händler zu speziellen Börsen in die USA, deren Vorliebe für neue Farbzuchten und anderweitige Mutanten schon lange den Markt in Europa bestimmt. Ob eine solche Palette von Mutanten terraristische Zukunft haben wird, bleibt abzuwarten – denkbar wäre auch, dass einige Tiere als „Laune der Natur" ohne Nachkommen in die Annalen der Fachliteratur eingehen. Die beiden einzigen Exemplare mit leuzistischer und melanistischer (hoher Anteil dunkler Pigmente) Mutation sind bereits ein Beispiel dafür.

Zeichnungsvarianten

Ein Dunkler Tigerpython ohne die typische Musterung, allenfalls mit großen ovalen, dunkelbraunen Flecken auf olivgrünem Grund, wird als **Grüner Tigerpython** bezeichnet. Bei adulten Tieren verschwindet die Fleckung, sodass diese oft einheitlich graugrün bis bräunlich grün gefärbt sind. Ein eindrucksvolles Exemplar fand GROSS-MANN in Thailand (CHAN-ARD et al. 1999). Da sich diese Variante mit dem Albino-Allel kombinieren lässt, entstehen aus einer Verpaarung solcher Tiere somit „Grüne Albino-Tigerpythons": Tiere mit orangebraunem Rücken, gelben Flanken und weißem Bauch, die in den beiden ersten Wachstumsphasen auch noch dunkelbraun gefleckt sind und sehr hübsch aussehen. Genetisch gesehen lässt sich aus dieser Kombination der Schluss ziehen, dass die beiden

Bastard aus einer Verpaarung zwischen Tiger- und Netzpython
Foto: B. Love/Blue Chameleon Ventures

Zeichnungs- und Färbungsvariationen Fotos: W. Grossmann

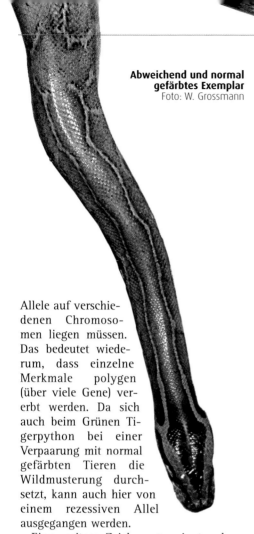

Abweichend und normal gefärbtes Exemplar
Foto: W. Grossmann

Allele auf verschiedenen Chromosomen liegen müssen. Das bedeutet wiederum, dass einzelne Merkmale polygen (über viele Gene) vererbt werden. Da sich auch beim Grünen Tigerpython bei einer Verpaarung mit normal gefärbten Tieren die Wildmusterung durchsetzt, kann auch hier von einem rezessiven Allel ausgegangen werden.

Eine weitere Zeichnungsvariante, deren Vererbungsschema allerdings noch nicht geklärt wurde, ist der „Leopard-Tigerpython" (WALLS 1998). Bei dieser Form finden sich auf hellem Grund viele rundliche oder hantelförmige Flecken, die viel Raum zwischen sich frei lassen. Sehr spektakulär sehen die „Granit-Tigerpythons" aus, deren Zeichnung zu einer fast einheitlichen Kleinfleckung mutiert ist. Erst in den letzten Jahren als Nachzuchttiere verfügbar, haben sie rasch einige Züchter als Liebhaber gewonnen und werden inzwischen schon mit der Albinoform kombiniert: „Albino-Granit-Tigerpythons" resultieren aus solchen Verpaarungen. Sie sind zunächst sehr hellorange fein gemustert und werden dann fast rein weiß mit gelber Fleckung.

Ein Sonderfall bei den Zeichnungsvarianten liegt bei dem „Labyrinth-Tigerpython" vor. Hierbei handelt es sich wohl eher um eine Modifikation, also um eine Erscheinungsform aufgrund geänderter Umweltbedingungen beim Brüten. Diese wird nicht vererbt und ist deshalb nicht reproduzierbar. Ansätze zu dieser Form kann man bei vielen Dunklen Tigerpythons beobachten – vor allem Streifungen im dorsalen Halsbereich. Sie stellen keine Beeinträchtigung in der Vitalität und Lebenserwartung der Tiere dar.

Der Vollständigkeit halber seien hier noch zwei neuere Mutationen erwähnt, die seit dem Jahr 2000 in US-amerikanischen Fachzeitschriften immer wieder abgebildet werden. Bisher konnte mit diesen Tieren, beide sind Weibchen, jedoch keine erfolgreiche Zucht durchgeführt werden. Zum einen ist dies ein **Hypomelanistischer Tigerpython** (Namensvorschlag: „Gelber Tigerpython"), zum andern ein blassbrauner, mit schemenhaften, großen Flecken versehener Dunkler Tigerpython (engl: „fader Burmese Python"; Namensvorschlag: „Marmor-Tigerpython"). Letzterer kam nach einem mündlichen Bericht relativ normalfarben und normal gezeichnet aus dem Ei, verlor aber dann von Häutung zu Häutung die Fleckenkontraste, sodass im semiadulten Zustand bereits eine Marmorierung der Seitenflecken und teilweise der Rückenflecken eintrat.

Die Tendenz, bei den sehr groß werdenden Arten Zwergformen (engl. dwarf) zu suchen und zu züchten, hat im Jahr 2004 auch den Tigerpython erfasst. Aus den USA werden die ersten Exemplare vorgestellt,

Granit-Tigerpython Foto: B. Love/Blue Chameleon Ventures

und der Ansturm auf eine so schöne Riesenschlange im Miniformat, angeblich nur bis maximal 2,5 m lang werdend, wird gewaltig s e i n .

Bis die Nachzuchten zur Verfügung stehen, wird es allerdings noch einige Jahre dauern, und bis dahin könnten andere, noch spektakulärere Formen im Angebot sein. Ich persönlich hoffe allerdings, dass die Faszination, die von dieser wunderbaren Riesenschlange ausgeht, nicht von der Sammelleidenschaft, der Profitsucht und dem Machbarkeitswahn verdrängt wird.

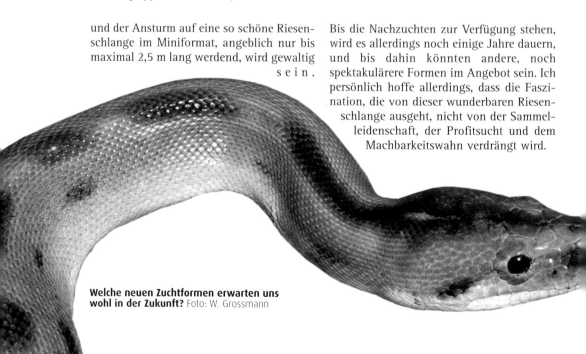

Welche neuen Zuchtformen erwarten uns wohl in der Zukunft? Foto: W. Grossmann

Danksagung ◁

: : Mein erster Dank gilt Prof. Werner Frank, dessen Tierpfleger mir in den 1970er-Jahren den Zugang zur Pflege auch sehr großer Riesenschlangen eröffneten und mich in den Anfangsjahren immer wieder aufmunterten. Für aufschlussreiche Gespräche, wissenschaftliche Hinweise und freundschaftliche Korrekturen danke ich Lutz Dirksen und Mark Auliya, für die fortwährende terraristische Begleitung Roland Hoepner, Mario Jachmann und Jochen Geiger. Außerdem gilt mein Dank den vielen Züchtern, Haltern, Besitzern von Reptilienzoos und anderen Einrichtungen, die mir mit großem Einsatz Daten und Bildmaterial zur Verfügung stellten, Kontakte vermittelten und ein offenes Ohr für Nachfragen hatten. Der wichtigste Dank gebührt aber meiner Frau, die mir nicht nur als „Sekretärin" zur Seite stand, sondern auch immer wieder kritische Fragen stellte. Schließlich möchte ich noch Matthias Drexl danken, der mir in allen Fragen der Datenaufzeichnung und Präsentation eine große Hilfe war.

Adressen ◁

Vereinigungen

Bundesverband für fachgerechten Natur- und Artenschutz e. V. (BNA)
Ostendstrasse 4, 76707 Hambrücken
Tel.: 07255/2800, Fax: 07255/8355,
E-Mail: gs@bna-ev.de

Deutsche Gesellschaft für Herpetologie und Terrarienkunde (DGHT) e.V.
Geschäftsstelle, Postfach 1421,
D-53351 Rheinbach
Tel.: 02225/703333, Fax: 02225/703338
Internet: www.dght.de, E-Mail: gs@dght.de

Interessengemeinschaft Riesenschlangen (IGR) e.V.
Klaus Bonny, Kirburger Weg 81,
D-50767 Köln
Anja Ritter, Bernburger Weg 4,
D-65931 Frankfurt/Main

European Snake Society
c/o Jan-Cor Jabobs, W. A. Vultostraat 62,
NL-3523 TX Utrecht, Niederlande

Zentralverband Zoologischer Fachbetriebe Deutschlands e.V. (ZZF)
Postfach 1420, 63204 Langen
Rheinstraße 35, 63225 Langen
Tel.: 06103/9107-0, Fax: 06103/9107-33,
E-Mail: info@zzf.de

Ämter

Bundesamt für Naturschutz
Konstantinstr. 110, D-53179 Bonn
Telefon 0228/8491-0, Fax -200
Internet: www.bfn.de
Für Artenschutz-Fragen: www.wisia.de

Die Adresse der bei Ihnen für Artenschutzangelegenheiten zuständigen Behörde können Sie bei Ihrer Kreis- bzw. Stadtverwaltung oder dem Regierungspräsidium erfragen.

Kotanalysen, Sektionen etc.

Universität München, Institut für Zoologie, Fischereibiologie und Fischkrankheiten der tierärztlichen Fakultät, Kaulbachstr. 37, D-80539 München

Justus-Liebig-Universität Gießen, Institut für Geflügelkrankheiten, Frankfurter Str. 87, D-35392 Gießen

Exomed, Am Tierpark 64, D-10319 Berlin; Internet: www.exomed.de.

GEVO Diagnostik, Jacobstr. 65, D-70794 Filderstadt

Staatliches Untersuchungsamt Hessen, Abteilung Parasitologie, Druseltalstr. 67, D-34131 Kassel

Kotproben können auch bei vielen Tierärzten abgegeben werden, die diese dann an ein nahe gelegenes Institut weitergeben oder selbst untersuchen.

Zeitschriften

REPTILIA
Natur und Tier - Verlag, An der Kleimannbrücke 39/41, 48157 Münster.
Tel.: 0251/13339-0
E-Mail: verlag@ms-verlag.de,
www.ms-verlag.de

TERRARIA
Natur und Tier - Verlag,
Adresse: siehe REPTILIA

DRACO
Natur und Tier - Verlag,
Adresse: siehe REPTILIA

Sauria
Terrariengemeinschaft Berlin e.V.,
Christstr. 10, 14059 Berlin

herpetofauna
herpetofauna-Verlags GmbH, Postfach 1110, 71365 Weinstadt

elaphe
Vereinszeitschrift der DGHT
(Adresse siehe oben)

„Anzeigen Journal"
Das „Anzeigen Journal" ist die Kleinanzeigen-Publikation der DGHT e. V.
(Adresse s. o.).

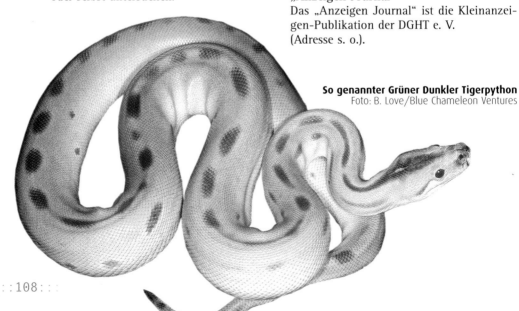

So genannter Grüner Dunkler Tigerpython
Foto: B. Love/Blue Chameleon Ventures

Literaturverzeichnis

◁

ACHARJYO, L.N. & R. MISRA (1976): Aspects of reproduction and growth of the Indian Python, *Python molurus molurus*, in captivity. – Brit. J. of Herpetology 5: 562–565.

ACKERMANN, L. (1999): Atlas der Reptilienkrankheiten. – bede, Ruhmannsfelden, 240 S.

ANDERSON, J.B., B.C. ROURKE, V.J. CAIOZZO, A.F. BENNETT & J.W. HICKS (2005): Postprandial cardiac hypertrophy in pythons. – Nature 434: 37–38.

BANKS, J. & J. BANKS (1986): A selection of the animals of Sri Lanka. – Lake House Investments LTD., Colombo, 16 Farbtafeln.

BARKER, D.G., J.B. MURPHY & W.K. SMITH (1979): Social behaviour in a captive group of Indian Python, *Python molurus molurus*, with formation of a linear social hierarchy. – Copeia 79/3: 466–471.

BELLOSA, H. (2003a): Faszination Rekordschlange. Teil 1: Vom Jugendtraum zur Forschung. – REPTILIA, Münster, 39: 37–39.

– (2003b): Faszination Rekordschlange. Teil 2: Alles nur Märchen? – REPTILIA, Münster, 42: 66–68.

– (2004): Faszination Rekordschlange. Teil 3: Lass dich nicht beißen ... – REPTILIA, Münster, 47: 42–44.

– & H. BISPLINGHOF: Die Anakondas. – Chimaira, Frankfurt/M. (in Vorb.)

–, L. DIRKSEN & M. AULIYA: Die größten Schlangen der Welt. – M&S-Reptilien (in Vorb.).

BENDER, C. (2001): Fotodokumentation von geschützten Reptilien. – Publikation der DGHT, Rheinbach.

–, & K. HENLE (2001): Können Sie sich ausweisen? Forschungsvorhaben weist individuelle Identifizierbarkeit geschützter Reptilienarten nach. – Natur u. Landschaft 76(4): 167–170.

BINDER, S. & A. LAMP (in Vorbereitung): *Boa constrictor* – Die Abgottschlange. – Natur und Tier - Verlag, Münster.

BRANCH, W.R. & H. ERASMUS (1984): Captive breeding of pythons in South Africa, including details of an interspecific hybrid (*Python sebae natalensis* x *Python molurus bivittatus*). – J. Herpetol. Assoc. Africa 30: 1–10.

BREHM, A.E. (1928): Kriechtiere/Lurche/Fische. Bearb. v. C.W. NEUMANN. – Philipp Reclam jun., Leipzig, 551 S.

BROGHAMMER, S. (1998): Albinos. Farb- u. Zeichnungsvarianten bei Schlangen und anderen Reptilien. – Chimaira, Frankfurt/M., 95 S.

BRUINS, E. (o. J): Terrarien Enzyklopädie. – Edition Dörfler im Nebel Verlag, Utting, 320 S.

BULLOCK, T.H. & R. BARRET (1968): Radiant heat reception in snakes. – Commun behav. Biol., Part A 1: 19–29.

CARROL, R.L. (1993): Paläontologie und Evolution der Wirbeltiere. – Georg Thieme, Stuttgart, New York, 684 S.

CASC, J.-P. (1994): Beutefang und Ernährung. – S. 108–121 in: BAUCHOT (Hrsg.): Schlangen. – Bechtermünz Verlag/Weltbild Verlag, Augsburg.

CHAN-ARD, T., W. GROSSMANN, A. GUMPRECHT & K.-D. SCHULZ (1999): Amphibien und Reptilien der Halbinsel Malaysia und Thailands. Eine Illustrierte Checkliste. – Bushmaster Pub., Wuerselen, 240 S.

CLERCQ, P. DE (1988): Note on a breeding *Python molurus bivittatus*. – Litteratura Serpentium 8 (1): 50.

COBORN, J. (1992): Boas & Pythons und andere ungiftige Schlangen. – bede, Ruhmannsfelden, 190 S.

CONSTABLE, J.D. (1949): Reptiles from the Indian Peninsula in the Museum of Comparative Zoology. – Harvard University Press, Cambridge, Mass., 102 S.

DIRKSEN, L. (2001): Rekordexemplare und Menschenfresser. – DRACO 5 (2): 26–31.

– & M. AULIYA (2001): Zur Systematik und Biologie der Riesenschlangen (Boidae). – DRACO 5 (2): 4–19.

EGGLESTON, D.W. (1994): Boas & Pythons: The Big Guys. – Reptiles 2: 42–43.

EISENBERG, T. (2003): Wie sollte eine fachgerechte Quarantäne durchgeführt werden? – REPTILIA, Münster, 8 (1): 66–71.

ENGEL, T.R. (1997): Seed dispersal and plant regeneration by snakes? – Ecotropica 3: 33–41.

FOSTER, J. & P. PRICE (1997): A case of predation by *Python molurus* on a fruit bat, *Pteropus giganteus*, with notes on bat-snake interactions. – Hamadryad 22(1): 58–61.

FRANK, R. (1997): Genetik und Immunbiologie. – Klett, Stuttgart, 144 S.

FRANK, W. (1978): Schlangen im Terrarium. – Kosmos, Stuttgart, 64 S.

FUCHS, K. & M. FUCHS (2004): Schlangenhäute – lässt die Länge der gegerbten Haut wirklich keine Rückschlüsse auf die des lebenden Tieres zu? – DRACO 5: 74–80.

GAMOW, R.I. & J.F. HARRIS (1973): Infrared receptors of snakes. – Sci. Amer. 228: 94–100.

GILLESPIE, T.H. (1937): The way of a serpent. – H. Jenkins, London, 221 S.

GILLINGHAM, J. & J. CHAMBERS (1982): Courtship end pelvic spure use in the Burmese Python, *Python molurus bivittatus*. – Copeia, 82/1: 193–196.

GROOMBRIDGE, B. & R. LUXMOORE (1991): Pythons in South-East-Asia. – A report to the CITES Secretariat, Cambridge, 127 S.

GROOT, T., E. BRUINS & R. BREEUWER (2003): Molecular genetic evidence for parthenogenesis in the Burmese Python, *Python molurus bivittatus*. – Heredity 90: 130–135.

GRZIMEK, B., Z. VOGEL & H. WENDT (1975): Boids. S. 363–380 in: GRZIMEK, B. (Hrsg.).: Grzimek's animal life encyclopedia. Vol. 6. Reptiles. – Van Nostrand Rheinhold Company, New York, 468 S.

HACKBARTH, R. (1992): Krankheiten der Reptilien. – Kosmos, Stuttgart, 88 S.

HARTMANN, G. (1987): Lebendiges Tierreich. Die neue Enzyklopädie in Farbe, Bd.28. – Inland Presse, Hamburg: 1634 S.

HENKEL, F.W. & W. SCHMIDT (1999): Tropische Wälder als Lebensraum für Amphibien und Reptilien. – Landbuch, Hannover, 150 S.

– (2003): Terrarien. Bau und Einrichtung. 3. Aufl. – Ulmer, Stuttgart, 168 S.

HINGLEY, K.J. (1987): Potential growth rate of pythons and boas. – Snake Keeper 1 (6): 4–5.

HUDER, J.B., J. BONI, J.M. HATT, G. SOLDATI, H. LUTZ & J. SCHÜPBACH (2002): Identification and characterization of two closely related unclassifiable endogenous retroviruses in pythons (*Python molurus* and *Python curtus*). – J. Virol. 76 (15): 7607–7615.

HUTCHISON, V.H., H.C. DOWLING & A.VINEGAR (1966): Thermoregulation in a brooding female Indian Python, *Python molurus bivittatus*. – Science 151: 694–696.

IRWIN, S. & T. IRWIN (2002): The Crocodile Hunter. – New American Library, New York, 202 S.

JAROFKE, D. & J. LANGE (1993): Reptilien. Krankheiten und Haltung. – Parey, Berlin, 189 S.

KABISCH, K. (1990): Wörterbuch der Herpetologie. – Gustav Fischer, Jena, 477 S.

KOCK, D. & H. SCHRÖDER (1981): Die Gattung *Python* in Bangladesch. – Salamandra 17 (3/4): 112–118.

KÖHLER, G. (1996): Krankheiten der Amphibien und Reptilien. – Ulmer, Stuttgart, 160 S.

KÖLLE, P. (2002): Reptilien-Krankheiten. – Kosmos, Stuttgart, 124 S.

KÖLPIN, T. (2002): *Python regius*. Der Königspython. – Natur und Tier - Verlag, Münster, 94 S.

KUHN, M. & D. SCHMIDT (2003): Parthenogenese beim Dunklen Tigerpython (*Python molurus bivittatus*). – REPTILIA, Münster, 44: 78–82.

LAMMERSCHMIDT, V., T. GOBEL & E. TRAUTVETTER (2001): Venipuncture and blood chemistry values for healthy giant snakes (*Boa constrictor* and pythons). – Tierärztl. Praxis K. H. 29 (2): 128–134 .

LEDERER, G. (1956): Fortpflanzungsbiologie und Entwicklung von *Python molurus molurus* (LINNÉ) und *Python molurus bivittatus* (KÜHL). – DATZ 9: 243–248.

LEE, M.S.Y. & M.W. CALDWELL (1998): Anatomy and relationships of *Pachyrhachis problematicus*, a primitive snake with hindlimbs. – Phil. Trans. R. Soc., London, B 353: 1521–1552.

LÜDICKE, M. (1964): Ordnung der Klasse Reptilia, Serpentes. – In: J. LÜDICKE (Hrsg.): Handbuch der Zoologie, Vol. 7, W. de Gruyter, Berlin, 298 S.

MANTHEY, U. & W. GROSSMANN (1997): Amphibien & Reptilien Südostasiens. – Natur und Tier - Verlag, Münster, 512 S.

MARAIS, J. (1994): Die faszinierende Welt der Schlangen. – Karl Müller, Erlangen, 143 S.

MAYR, E. (1983): Evolution, Abschnitt I. Einführung zum Sammelband aus Beiträgen von Scientific American. – Spektrum der Wissenschaft Verlagsgesellschaft, Heidelberg: 9–19.

MASH, P. (1944): Indian Python (*Python molurus*) preying on monitor lizard (*Varanus monitor*). – J. Bomb. Nat. Hist. Soc. 45: 249–250.

MERGIAR, R. & J.K. YAMAMOTO (2001): Isolation and Characterization of Retroviruses from Boid Snakes with Inclusion Body Disease. – Amer. J. Vet. Res. 62: 217–224.

MIEROP, L.H.S. VAN & S.M. BARNARD (1976): Observations on the reproduction of *Python molurus bivittatus* (Reptilia, Serpentes, Boidae). – Journal of Herpetology 10 (4): 333–340.

MOOKERJEE, S. (1946): Mangofruit on the menu of the common python (*Python molurus*). – J. Bomb. Nat. Hist. Soc. 46: 733.

MURPHY, J.B., B.W. TYRON & D.G. BARKER (1978): Miscellaneous notes on the reproduction biology of reptiles 2. Eleven species of the family Boidae, gen. C*andoia, Corallus, Epicrates and Python* . – J. Herp. 12: 385–390.

MURPHY, J. C. & R.W. HENDERSON (1997): Tales of Giant Snakes. – Krieger, Malabar, 221 S.

NEWMAN, C. (1993): Herptile Consultancy/ssp. *molurus*. – Reptilian 2 (1): 38–39.

PATSCH, H.J. (1943): Fortpflanzungsbiologische Beobachtungen an *Python bivittatus*. – Zool. Garten (N. F.) 15: 132–133.

OVERGAARD, J., J.B. ANDERSEN & T. WANG (2002): The effects of fasting duration on the metabolic response to feeding in *Python molurus*: an evaluation of the energetic costs associated with gastrointestinal growth and upregulation. – Physiol. Biochem. Zool. 75: 360–368.

PETZOLD, H.-G. (1983): Die Anakondas. – Ziemsen, Wittenberg, 142 S.

PLATEL, R. (1998): Nervensystem und Sinnesorgane. – S. 50–59 in: BAUCHOT (Hrsg.): Schlangen. – Weltbild Verlag, Augsburg, 240 S.

RAGE, J.-C. (1994): Ursprung und Evolution der Schlangen. – S. 26–33 in: BAUCHOT (Hrsg.): Schlangen. – Weltbild Verlag, Augsburg, 240 S.

ROOIJ, N. DE (1917): The reptiles of the Indo-Australian Archipelago. II Ophidia. – E.J. Brill, Leiden. Nachdruck 1970, A. Asher & Co. N.V.,Vaals, 334 S.

ROSS, R.A. & G. MARZEC (1994): Riesenschlangen. Zucht und Pflege. – bede, Ruhmannsfelden, 245 S.

RUNDQUIST, E. (1996): Parasiten bei Reptilien und Amphibien. – bede, Ruhmannsfelden, 64 S.

SAINT-GIRONS, H. (1994): Fortpflanzung und Entwicklung. – S. 92–107 in: BAUCHOT (Hrsg.): Schlangen. – Weltbild Verlag, Augsburg, 240 S.

SCHMIDT, D. (1996): Riesenschlangen. – bede, Ruhmannsfelden, 95 S.

– (2004): Zur Reproduktion von Schlangen im Terrarium. – DRACO 17: 22–36.

– & K. KUNZ (2005): Ernährung von Schlangen. – Natur und Tier - Verlag, Münster, 160 S.

SCHMIDT, K.P. & R.F. INGER (1969): Knaurs Tierreich in Farben. Reptilien. – Droemer Knaur, München/Zürich, 256 S.

SCHULTZ, H. (1975): Human infestation by *Oropionyssus natricis* snake mite. – Br. J. Dermatol. 93: 695–697.

SCHUMACHER, J., E.R. JACOBSON, B.L. HOMER & J.M. GASKIN (1994): Inclusion Body Disease in Boid Snakes. – Journal of Zoo and Wildlife Medicine 25 (4): 511–524.

SEAL, J. (2000): Unter Schlangen. – Eichborn, Frankfurt/M., 384 S.

SEYBOLD, J. (2004): Atmung und Atemwegserkrankungen bei Reptilien. – M&S-Magazin 1: 66–67.

SHARMA, R.C. (2003): Indian Snakes. – Zoological Survey of India, Kalkutta, 292 S.

SINGH, A.N. (1983): A study of diverse prey species of python (*Python molurus*) with special reference to its interaction with Jackal (*Canis aurius*). – Tigerpaper 10 (3): 31–32.

SMITH, M.A. (1943): The Fauna of British India, Ceylon and Burma – Reptilia and Amphibia. Vol. III: Serpentes. – Taylor & Francis, London, 583 S.

STAFFORD, P.J. (1986): Pythons and Boas. – T.F.H., Neptune City, 192 S.

STARCK, J.M. & K. BEESE (2001): Structural flexibility of the intestine of burmese python in response to feeding. – J. Exp. Biol. 204 (2): 325–335.

STIMSON, A.E. (1969): Liste der rezenten Amphibien und Reptilien. Boidae (Boinae, Boleyeriinae, Loxoceminae, Pythoninae). – Das Tierreich, Berlin, 89: 1–49.

STÖCKL, E. & H. Stöckl (2000): Boas & Pythons. – bede, Ruhmannsfelden, 96 S.

– (2004): Die Größe von *Boa constrictor*. – M&S-Magazin 1: 68–70.

STOOPS, E. D. & A. T. WRIGHT (1994): Boas und Pythons. Pflege und Zucht. – bede, Ruhmannsfelden, 143 S.

STEMMLER-MORATH, C. (1956): Beitrag zur Gefangenschafts- und Fortpflanzungsbiologie von *Python molurus*. – Der Zool. Garten 21: 347–364.

SWAN, L.W. & A.E. LEVITON (1962): The herpetology of Nepal: a history, check list and zoogeographic analysis of the herpetofauna. – Proc. Cal. Acad. Sci. 32 (6): 103–147.

TODD, S. (1984): The Sri Lankan python (*Python molurus*): spotlight on a crisis. – The Herptile 9 (3): 77–85.

TRUTNAU, L. (2002): Ungiftige Schlangen 1/1, 4. Aufl. – Ulmer, Stuttgart, 308 S.

TWIGGER, R. (2001): Schlangenfieber. Die Suche nach dem längsten Python der Welt. – Argon, Berlin, 347 S.

UNDERWOOD, G. & A.F. STIMSON (1990): A classification of Pythons (Serpentes, Pythoninae). – J. zool. London 221: 565–603.

VALENCIENNES, A. (1841): Observations faites pendant l'incubation d'une femelle du python a deux raies (*Python bivittatus*) pendant les mois de mai et de juin 1841. – Comp. Rend., Acad. Sd. Paris 13: 126–133.

VERGNER, I. (1990): Zur Situation der Boiden-Nachzucht in Tschechien. – elaphe 12: 63–67.

VOSJOLI, P. (1991): The general care and maintenance of Burmese Pythons including notes on other large Pythons. – The Herpetocultural Library, Series 200, Lakeside, 44 S.

WAGNER, E. (1976): Breeding the Burmese Python, *Python molurus bivittatus*, at Seattle Zoo. – Int. Zoo Yearbook 16: 83–85.

WALLS, J. (1998): The living Pythons. A complete guide to the pythons of the world. – T.F.H., Neptune City, 256 S.

YAPP, N. (1998): The Hulton Getty Picture Collection,1920s and 1950s. – Könemann, Köln, 393 S.

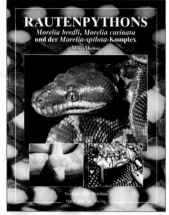
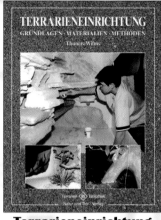